SUMARIO

Nº 444
ESPECIAL ESQUÍ DE MONTAÑA 2025/26

Desnivel
C/ San Victorino nº 8 • 28025 Madrid
Teléfono: 91 360 22 42 Fax: 91 360 22 64

Director
Darío Rodríguez
dario@desnivel.com

Redacción
Eva Martos
evamartos@desnivel.com

Colaboran en este número
Xavi Fanlo, Julio Viñuales, Fay Manners,
Hugo Cózar, Raúl Lora y Jordi Martín Guillaumes.

Director de Arte
Gregorio Arranz
g.arranz@desnivel.com.

DEPARTAMENTO DE PUBLICIDAD
M. Ángeles Trujillo (directora)
mariangeles@desnivel.com
Tel: 91 360 22 60

Desnivel.com
José Yáñez (webmaster)
webmaster@desnivel.com

Contabilidad
Mayte López mayte@desnivel.com
Tel: 91 360 26 20

DISTRIBUCIÓN
María José Santamaría
Tel: 91 360 22 84
distribucion@desnivel.com

Ramón Díaz y Pedro Montes (envíos)

Pedidos Librería Desnivel
Tel: 91 369 42 90

SUSCRIPCIONES
Tel: 91 360 26 20 (horario de 9 a 16:00 h).
suscripciones@desnivel.com
http://desnivel.com/suscripciones

Imprime Nueva Imprenta
en papel ecológico TCF
(totalmente libre de cloro)

Impresa en España/Printed in Spain

Distribuye SGEL
Tel: 91 661 70 00

PVP Canarias:
+0,15 eur sobre precio de portada

Depósito legal: M-8747-2013
ISBN: 978-84-9829-721-8
ISSN: 0211-9765

Fotografía de portada:
Dejando huella en una travesía por los Alpes.
Foto: Colección Dynafit.

SÍGUENOS EN:
desnivel.com

  facebook.com/revistadesnivel

 twitter.com/desnivelados

 instagram.com/desnivel_revista

LIQENSTUDIO/FGC

PIRINEU365

Un Pirineo vivo los 365 días del año

La nueva marca paraguas de FGC TURISME reúne las seis estaciones del grupo bajo una visión común: más sostenibilidad, más digitalización y más experiencias todo el año. La temporada 2025-2026 trae grandes novedades, desde un portal web unificado a ventajas y ofertas para los esquiadores.

P IRINEU365 es la nueva marca que agrupa a las seis estaciones de montaña de FGC TURISME —La Molina, Vall de Núria, Vallter, Espot, Port Ainé y Boi Taüll— con un propósito claro: romper con la estacionalidad y demostrar que los Pirineos son un territorio activo durante todo el año. Su estrategia se fundamenta en unos ejes clave: desestacionalización, diversificación, sostenibilidad, competición, accesibilidad y transformación digital.

Todas las estaciones comparten un denominador común: espacios de alta montaña con identidad propia, propuestas para familias y deportistas, paisajes protegidos y una apuesta firme por la sostenibilidad. Desde la alta cota de Boi Taüll hasta el valle cerrado de Núria, pasando por la mítica historia de La Molina o los terrenos de freeride de Vallter, PIRINEU365 ofrece un mosaico de escenarios que consolidan al Pirineo catalán como un destino imprescindible para el público amante de la montaña.

Un portal único para planificar la experiencia

La transformación digital es uno de los pilares del proyecto. Esta temporada se pone en marcha el nuevo portal web PIRINEU365.CAT que reúne toda la información de las seis estaciones en un solo sitio. La plataforma proporciona datos en tiempo real —estado de pistas, meteorología y webcams— y permite planificar la jornada, comprar productos y gestionar reservas de forma intuitiva.

El portal está acompañado de una nueva aplicación móvil (PIRINEU365, disponible para Google Play y App Store) que funciona como un compañero de ruta: registra actividad, ofrece premios y mejora la seguridad mediante un innovador sistema de socorro con geolocalización. Todo ello hace que la experiencia sea más fluida, accesible, segura y personalizada.

Club PIRINEU365: un espacio de ventajas exclusivas

El ecosistema digital se completa con el Club PIRINEU365, el programa de fidelización integrado que ofrece a los usuarios un espacio personalizado con recompensas y beneficios a medida. La App permite acumular actividad, desbloquear premios y recibir información relevante según preferencias. El objetivo es reforzar el vínculo con el visitante habitual y mejorar su experiencia, tanto en invierno como en verano.

FlexiPass: mejor precio garantizado

La gran novedad operativa de esta temporada es el FlexiPass, un soporte de pago por uso que simplifica el acceso a las estaciones de PIRINEU365. Por una suscripción anual de solo 15 €, el usuario obtiene beneficios como el mejor precio garantizado cada día, acceso directo a pistas y seguro de accidentes, entre otros.

Su funcionamiento es sencillo: el usuario activa el FlexiPass y, a partir de ahí, cada jornada que accede a pistas se le aplica automáticamente la mejor tarifa disponible. El servicio se activa con cargo directo a la tarjeta de débito o crédito, y cuanto más se utilizan las estaciones, más se ahorra. A partir del tecer día de esquí, se aplica un 10% de descuento al precio del forfait de día de la estación donde se esquíe. El ahorro

Boí Taüll volverá a albergar una prueba del mundial de skimo, como lleva haciendo 4 años (foto abajo). Derecha, valla construida con el proyecto REVIU de Vallter, y planta fotovoltaica en Espot. Abajo, renders del mirador de Vall de Núria y de las reformas del refugio Niu de l'Àliga de La Molina.

BERNAT NAYLINA / FGC

LIQENSTUDIO / FGC

FOTOS/RENDER: FGC

va creciendo hasta el 25 %. Y, a partir del día 17, ¡se esquía gratis!

Nuevos canales de comunicación

PIRINEU365 también renueva su manera de comunicarse con el público de una forma más amplia y directa. A los perfiles ya existentes en Instagram se suman nuevos canales en X, Tik-Tok y YouTube, pensados para ofrecer contenido dinámico y actualizado. Incorpora además su propio canal de difusión por WhatsApp, desde donde se enviarán alertas y noticias en tiempo real. Como gran novedad, nace PIRINEU365.tv, un canal informativo que muestra el estado de apertura de instalaciones y avisos relevantes, accesible

tanto en las estaciones como en distintos puntos del territorio.

Mejoras en todas las estaciones

Las seis estaciones estrenan la temporada 2025-2026 con mejoras importantes centradas en sostenibilidad, accesibilidad y calidad del servicio.

• **Boí Taüll** será sede de la Copa del Mundo de esquí de montaña, antesala de los Juegos Olímpicos 2026. Incorpora mejoras en la seguridad con nuevas obras de accesibilidad, optimiza el sistema de nieve con nuevos paravientos, nuevas webcams y abre la tirolina en invierno.

• **La Molina** culmina la segunda fase de las reformas del refugio Niu de l'Àliga, que ahora cuenta con nueva terraza, acceso directo desde el telecabina y un sótano renovado. También mejora la producción de nieve y estrena un servicio de consignas.

• **Vall de Núria** inaugura un mirador accesible al lago y culmina el proyecto "Gasoil 0 - Ecovall", eliminando los combustibles fósiles. Amplía las actividades navideñas, renueva el Parque Lúdico y mejora la innivación.

• **Vallter** celebra su 50° aniversario con actividades especiales, bajada de antorchas y un Tour Histórico. Impulsa el proyecto REVIU de economía circular (transformando residuos plásticos en productos reutili-

zables). Estrena experiencias gastronómicas que incluyen salidas en máquina pisanieve con merienda y cena, y un nuevo espacio panorámico.

• **Espot** se convierte en pionera instalando la primera planta fotovoltaica flotante en una estación de esquí de España. También añade una webcam 360°, renueva los cañones de nieve y amplía la oferta con un programa de actividades y eventos.

• **Port Ainé** reforma el restaurante Clots y su terraza en la cota 2100. Mejora la innivación, incorpora un sistema 360° de cámaras, renueva material de alquiler y amplía las actividades de sensibilización ambiental.

Con esta apuesta, PIRINEU365 no solo renueva la forma de disfrutar la montaña, sino que marca un nuevo estándar para el turismo de alta montaña en los Pirineos. Una invitación clara a experimentar la conexión auténtica con la montaña hoy y cada día del año.

App PIRINEUS365

Canal de Whatsapp

Bajando con los esquís a la espalda por
el hielo con la cima del Snaefellsjokull (1446 m)
detrás; esta es una de las montañas más
conocidas de Islandia, que ascenderemos el
séptimo día del recorrido aquí propuesto.

ROAD TRIP CON ESQUÍS POR

Islandia

Te proponemos una travesía de siete días por los confines blancos de Islandia, atravesando glaciares, fiordos y volcanes, y ascendiendo algunas de las cumbres más emblemáticas del país, entre ellas el mítico Snæfellsjökull. Una recorrido circular por la isla siguiendo la Ring Road que combina la pureza del aislamiento ártico con la fuerza elemental de una tierra forjada por el fuego y el hielo, con unos descensos sobre las tablas que te dejarán huella. // **Texto**: Xavi FANLO.

PAÏVI LINNA

SLANDIA es un país que, a los que somos del sur nos traslada a las luces del norte. Está situado justo al sur del círculo polar ártico y, gracias a su insularidad, disfruta de un clima frío suavizado por la humedad y el viento característicos. El calendario islandés contempla dos estaciones: el invierno de días cortos y fríos que dura de octubre a abril, y el verano con noches cortas y días frescos en general. Para los amantes de la montaña y la naturaleza es un paraíso inalcanzable en su inmensidad y, si sumamos las posibilidades de hacer esquí de montaña, se convierte en un destino formidable.

En este artículo presentamos un "Esquí road trip", es decir, viajar esquiando y recorriendo la isla, una experiencia que vivimos en abril de 2023. Islandia tiene unos 300 km de norte a sur y unos 500 km de este a oeste. La carretera principal que recorre el perímetro de la isla, la Ring Road, tiene 1332 km y, dado que se abre prácticamente todo el invierno, permite –con algunas variantes interesantes– planificar este descubrimiento de la isla haciendo accesibles las aproximaciones a innumerables cimas y rincones para practicar el esquí de montaña. He tenido la fortuna de realizarlo en dos ocasiones, pero es uno de aquellos

Ascendiendo encordados en uno de los habituales días con niebla y tiempo variable. A la izquierda, en la cima de Hlidarfjall, que ascenderemos el cuarto día, y abajo, cerca de la cumbre del Blatindur.

destinos que te atrapan y a los que siempre se desea regresar.

Comenzamos la ruta viajando en sentido antihorario, que en 7 días nos llevará de nuevo a Reikiavik, pero que si disponemos de más tiempo lo podremos aprovechar al máximo. El viaje en coche forma parte del encanto, en cada curva cambia el paisaje y el tiempo radicalmente, podemos pasar continuamente de estar nevando en un fiordo, el siguiente nublado y el siguiente soleado, y así sin parar. No es la época ideal para ver auroras boreales, aunque con paciencia y suerte todavía es posible verlas.

Día 1. Ascensión al Eyjafjallajökull (1651 m)

Desnivel: 1610 m.
Orientación: Sur.
Dificultad: S2/ E1. Terreno glaciar.
Track: https://desni.in/vgyxf

El Eyjafjallajökull fue el volcán cuya erupción de 2010 dejó gran parte del norte de Europa sin tráfico aéreo durante semanas.

De hecho, en la época de deshielo se pueden ver los restos de las cenizas que cubren el glaciar. Por otro lado, es la cima más elevada del primer macizo importante que nos encontramos en la ruta. Se puede abordar en dos días pernoctando en un refugio libre por la vertiente oeste; la vertiente norte es más pendiente y su acceso por carretera resulta complicado en invierno.

Nosotros escogimos la vertiente sur por el buen acceso. Como es natural en Islandia empezamos casi a nivel del mar, con los esquís en la mochila hasta la cota 700 m y luego ya con nieve continua. La ascensión la realizamos en medio de la niebla utilizando el GPS; la entrada en el glaciar es una caótica mezcla de nieve, hielo, tierra y ceniza. Nos encordamos unos metros antes y, aunque divisamos las grietas del glaciar a ambos lados, conseguimos llegar a la cima con todas las grietas cubiertas por la nieve. Unos 300 m antes se abre la niebla y nos encontramos con un mar de nubes y un paisaje sobrecogedor hasta la cima; en ella no perdemos mucho tiempo, aunque la temperatura no es muy baja y no tenemos nada de viento. El

Abajo, ascendiendo encordados por el glaciar en dirección al Eyjafjallajökull durante el primer día; abajo, disfrutando de la nieve polvo islandesa; y derecha, esquiando con vistas al Atlántico, al sur de la isla.

FOTOS: ISRAEL CARRASCO

descenso, ya con visibilidad, lo hacemos al W de nuestro recorrido de subida sin necesidad de encordarnos, ahora ya con visibilidad, y salimos del glaciar evitando el caos inicial y las grietas. Una ascensión sin más dificultades que las del terreno glaciar pero donde la posibilidad de un clima extremo y un aislamiento total requiere estar bien preparado mental y físicamente, además de mantener la alerta en todo momento.

Día 2. Ascensión al Hvannadalshnúkur (2119 m)

Desnivel: 2030 m. **Orientación:** Sur.

Dificultad: S2-S3/E1 (Variante S4-S5/E2). Terreno Glaciar. **Track:** https://desni.in/agdqv

Un segundo día en el sur de la Isla, donde las condiciones son más cálidas que en el norte y la nieve suele estar a cotas más altas en abril. No es pues una zona muy visitada por los amantes del freeride, que suelen ir al norte de la Isla. En nuestro caso ascender la montaña más alta de Islandia era ya un objetivo en sí mismo, además de la oportunidad de disfrutar de un gran día de esquí.

El Hvannadalshnúkur se ve como una cima impresionante a medida que te acercas por la carretera. Tenemos la suerte de

cara, un día espectacular y sin viento nos permitirá disfrutar de una gran ascensión, aunque la niebla se cerrará justo en la llegada a la cima. Salimos de aparcamiento de Sandfell a 80 m de altura con los esquís en la mochila hasta los 700 m, donde como el día anterior nos los ponemos, ya sin quitárnoslos hasta unos metros antes de la cima. Vemos las primeras grietas en la cota 1500 m, pero por la pendiente, orografía y cantidad de nieve, así como por la buena visibilidad de nuestra ruta, decidimos no encordarnos y así llegamos hasta el inicio de la subida final, después del llano glaciar, a 1800 m. Aquí se nota el viento de los días anteriores, que ha dejado la última pendiente de poco más de 200 m completamente congelada y nos obliga a dejar los esquís y poner los crampones.

Subimos hasta la cima por una pendiente de unos 30°, donde se nos empieza a tapar el día. Una lástima, pues un año antes fue justo al revés, pudimos subir hasta la cima con esquís por las buenas condiciones de la nieve y una vez allí bajamos por el corredor S de unos 45 -50°, sin más dificultad que un pequeño salto por la rimaya.

En el descenso tuvimos que usar el GPS para seguir el recorrido de subida. Tras el llano de 1.800 m, la niebla se disipó y disfrutamos de una excelente nieve hasta los 700 m, donde cargamos los esquís a la espalda. Un día largo, pero con la mejor recompensa.

Día 3. Ascensión al Pjodfell (1033 m)

Desnivel: 600 m.
Orientación: SOS.
Dificultad: S2/E1
Track:
https://desni.in/4ycfn.

Jornada de transición que nos permite rodear la parte este de la isla y, haciendo un corte en la Ring Road, dirigirnos hacia la zona de mejor nieve del norte de la isla. Justo en el centro nos encontramos un bonito macizo con esta cima que podemos subir por la cara S y la O. En este caso nos dirigimos a la oeste (el año anterior subimos por la sur, más directa y con mayor pendiente), la elección fue para evitar el viento predominante que, aunque no era excesivo, si nos permitía hacer una ascensión más tranquila.

Salimos de la carretera principal y aparcamos en una pista sin mucha nieve a 1 km de distancia, lo que nos permite salir con los esquís en los pies. Realizamos una bonita ascensión sin muchas dificultades, con sol y un poco más de viento que en días anteriores, pero nada con lo que puede ser Islandia con viento. Desde la cima se aprecia la grandiosidad del centro de Islandia y, a lo lejos, el macizo glaciar del Hvannadalshnúkur, donde habíamos estado el día anterior. Acabamos disfrutando del baño

El descenso del Hreppsendasulur (abajo), les regaló 800 metros de desnivel con una nieve en perfectas condiciones. Más abajo y a la derecha, en la ascensión al Snaefellsjokull, en cuyos últimos y verticales metros se recomienda el uso de cuerda –además de piolet y crampones– si queremos pisar la cima.

en unas termas salvajes que nos hace sentir el contacto íntimo con el origen volcánico de la isla que estamos visitando. Posteriormente, nos dirigimos a Akureyri.

Día 4. Ascensión al Bunga (1293 m) y al Blatindur (1280 m)

Desnivel: 1028 m.
Orientación: NE.
Dificultad: S3-S4/E2.
Track:
https://desni.in/m9tap

Salimos temprano hacia la estación de esquí de Hlidarfjall Akureyri, la segunda gran estación de esquí de Islandia, que tiene la particularidad de que se esquía con luz arti-

ficial buena parte del invierno. Ahora la estación está cerrada y nos permite disfrutar de la tranquilidad de sus montañas. Salimos hacia la cima del Hlidarfjall (1100 m) que da nombre a la estación. Hasta el collado anterior, a pesar de estar fuera del dominio esquiable, nos encontramos el itinerario pisado con una máquina pisanieves. En este mismo sitio, un año antes, sufrimos un alud que se saldó con una fractura de fémur que fue operada en el hospital de Akureyri. De aquí hasta la cima del Bunga no encontramos dificultades más allá del tiempo cambiante de Islandia: nieva, hace sol, niebla... Una vez en la cima del Bunga esperamos que se abra un poco y hacemos el descenso directo por la cara N con una pendiente de 30-35° y una nieve polvo que nos recuerda por qué esta zona de Islandia es un destino de freeride. Hacemos una subida a la simpática cima del Blatindur y buscamos las canales NE de pendiente 35-45° que nos llevan hasta la base de la estación.

Una posibilidad de alargar la ruta ganando desnivel, pero también dificultad, es hacer las cercanas cimas del Styrta (1456 m) y de la pirámide del Kysta (1474 m). Este día no lo hicimos por las condiciones tanto de la meteo como del grupo, pero quedará para otra ocasión..

Día 5. Ascensión a Halldor (1100 m)

Desnivel: 1130.
Orientación: NE-SE.
Dificultad: PD+, S3-S4/E2.
Track:
https://desni.in/f8dtg

Día fantástico con sol y sin viento. Hoy realizaremos una ruta circular que nos permitirá ascender una cima emblemática del norte de Islandia: subimos por un fiordo y descendemos por otro, disfrutando de paisajes impresionantes de nieve, montaña y mar.

Dejamos el coche a pocos km al norte de Dalvik, bonito pueblo pesquero cerca de Akureyri y donde terminaremos la ruta hoy. Salimos en esquís desde el coche a solo 50 m sobre el nivel del mar y subimos por un suave fiordo en dirección O, hasta que encaramos hacia el SE, la subida al collado al E del pico, con pendientes de hasta los 30°. En el collado debemos sacar los esquís y poner crampones para hacer una cresta no muy difícil, con algunos pasos de mixto. Ya en el pico nos espera la bajada por la magnífica cara SE, con unas

CARLES BLASCO

Arriba, llegando a la cima del Hreppsendasulur; y a la derecha cerca del Snaefellsjokull; montañas propuestas para los últimos días de esta travesía circular. La última puede verse al fondo desde el pueblo pesquero de Arnastapi (abajo, una de sus casas).

dur, donde dejamos la Ring Road para adentrarnos por una carretera secundaria, siguiendo el fiordo del mismo nombre, hasta la cota 300 m, donde encontramos nieve y aparcamos. De aquí con esquís subimos en dirección O por pendientes cada vez más inclinadas hasta llegar a 30 -35° antes de la cima del Hreppsendasulur. Después de gozar de otro día de sol y sin viento, bajamos por las pendientes O hasta el coche, disfrutando durante 800 m de desnivel de cada viraje en una perfecta nieve primavera con una base dura y tres dedos de nieve suelta deliciosa. Y asi seguimos la ruta hacia Reykiavik, pero antes parando en la peninsula de Snaefellsnes para una última ascensión.

Día 7. Ascensión al Snaefellsjokull (1446 m)

Desnivel: 1370 m.
Orientación: E.
Dificultad: PD+ S2/E1.
Track:
https://desni.in/gjhwk

El Snaefellsjokull es una montaña mítica de Islandia a la que Julio Verne hizo famosa por escogerla como la entrada al centro de la tierra en su novela, pero además es una montaña perfecta para disfrutar del esquí de montaña, con una ascensión suave pero con un punto alpinístico en los últimos 100 m si se quiere hacer cumbre. Cerca del pueblo pesquero de Arnastapi dejamos la carretera principal para coger una pista hasta que la nieve nos deja. Esta vez aparcamos en la cota 350 m y nos dirigimos hacia el NW por pendientes suaves hasta entrar en el glaciar con las grietas totalmente tapadas. De hecho, es una zona en la que se hacen paseos

condiciones ideales de nieve primavera que nos hace disfrutar durante los casi 1000 m de descenso.

Existe la posibilidad de descender directo desde la cima con pendientes de 45-50° y rocas. Solo nos queda seguir bajando por el fiordo y flanquear hacia el S las pendientes que nos llevan a la pequeña estación de esquí de Dalvik, quizás la más cercana al mar del mundo (a unos 500 m en línea recta).

Día 6. Ascensión al Hreppsendasulur (1052 m)

Desnivel: 850.
Orientación: O.
Dificultad: S3/E1.
Track:
https://desni.in/bh83g.

Después de dos días en el fiordo de Akureyri (Eyjafjord) nos desplazamos hacia Olafsfjor-

ISRAEL CARRASCO

XAVI FANLO

DATOS PRÁCTICOS

Cómo llegar
y desplazarse por la isla

Para llegar a la isla, la opción estándar es volar hasta Reikiavik, que en islandés significa "bahía humeante". No hay que olvidar pues el origen volcánico de la isla y su actual actividad volcánica, que se suele manifestar con intensidad cada 5 años de promedio.

Una vez llegados a Reikiavik, la opción que planteamos es alquilar un vehículo 4x4 equipado con ruedas de nieve. Esto nos dará mayores garantías de poder realizar el recorrido sin excesivos problemas, pues la carretera principal se limpia con absoluta regularidad. A partir de aquí la conducción en invierno requiere mucha prudencia y mejor si se tiene experiencia en conducción sobre nieve /hielo.

Mejor época

Podemos encontrar buenas condiciones de nieve entre febrero y mayo, aunque la época más recomendable es abril-mayo, cuando climáticamente es menos probable sufrir uno de los fenómenos más desagradables en la montaña y muy persistente en Islandia: el viento. Además, en este periodo el día es más largo y la nieve esta más asentada, aunque en algunas partes bajas nos puede obligar a algún porteo de esquís.

Alojamiento y comida

Aunque abril y mayo es temporada baja, Islandia dispone de infinidad de alojamientos a lo largo de la Ring Road y cerca de las ascensiones que se plantean. Lejos de los pueblos/ciudades nos deberemos proveer de comida pues únicamente tendremos casas que ofrecen el alojamiento. Eso sí, con el auge del turismo en verano en Islandia, es un placer encontrar la tranquilidad y la amabilidad de los islandeses fuera de temporada.

Mapa

Islandia-Iceland; Ring Road, Golden Circle, 1:150 000. Ed. Freytag & Berndt, 2025.

en Retrac casi hasta la cima. En nuestro caso nos quitamos los esquís a 200 m del pico, pues estaba helado, por lo que nos pusimos los crampones. El terreno tiene poca inclinación, hasta llegar a 100 m de la cima, donde la pendiente aumenta hasta los 50-60° y los últimos 20 m ligeramente superior, lo que plantea el uso de la cuerda para asegurarnos. Nosotros después de la cima bajamos hasta que la pendiente permitió ponerse los esquís, pero los primeros 100 m fueron esquí sobre una pista de patinaje con poca pendiente; cuando la pendiente aumenta el sol hace su efecto y ya tenemos la magnífica nieve primavera islandesa.

Y aquí finalizamos 7 días intensos que nos han permitido disfrutar de 7 días de esqui de montaña , con los paisajes y rincones pintorescos y únicos de esta maravillosa isla.

Xavi FANLO *(Altitud Extrem).*

LOS ALPES
Esquí extremo con Fay Manners
Esquiar en el lenguaje de la montaña

FOTOS: COL. FAY MANNERS

EL esquí de montaña no consiste solo en esquiar. Se trata de navegar por terreno salvaje, confrontar el riesgo, leer la montaña y abrazar lo desconocido. Es una mezcla en constante evolución de alpinismo, esquí y autodescubrimiento, muy alejada de las rutas fuera de pista trilladas junto a los remontes de las estaciones.

Para mí, el esquí de montaña en los Alpes se ha convertido en algo más que un deporte. Es una forma de conectar profundamente con el paisaje, de poner a prueba mis límites y de buscar la belleza en lugares a los que casi nadie va. No se trata únicamente de la nieve polvo o de trazar líneas limpias, se trata de todo el recorrido: la ascensión, el descenso, las decisiones y todo lo que ocurre entre medias.

Donde el fuera de pista se convierte en alpinismo
Existe la idea equivocada de que esquiar líneas empinadas en la montaña es simplemente una extensión del freeride, otro corredor más alejado del remonte. El esquí de montaña exige más. Es navegación. Es búsqueda de ruta. Es gestionar nieve variable y meteorología impredecible. No se trata solo de perseguir la nieve polvo, sino de perseguir la posibilidad. Muchas veces no consiste tanto en encontrar la mejor nieve como en seguir una línea que te llama, alcanzar una cumbre o atravesar terreno salvaje, remoto y apenas transitado. El descenso es solo una parte de la ecuación; todo el recorrido importa.

Implica terreno mixto, incertidumbre y consecuencias. Puede que necesites rapelar, escalar roca o hielo, montar reuniones o destrepar con crampones. Las rutas suelen exigir conocimientos de alpinismo y no solo técnica de esquí. Es habitual llevar cuerda, arnés, crampones y piolet. En ciertas líneas, un solo error puede ser fatal. No perseguimos la adrenalina, sino precisión y presencia.

La atracción de la línea
Lo que más me atrae del esquí de montaña, más allá del descenso en sí, es el proceso de elegir y seguir líneas bellas y significativas a través de la montaña. Me encan-

La esquiadora Fay Manners –británica afincada en Chamonix– profundiza en este artículo en los sentimientos, impulsos y motivaciones que la llevan a perseguir los descensos más comprometidos, ilustrándolo con tres de las grandes líneas que ha abierto en los últimos años en los Alpes de Francia, Suiza e Italia.

«Lo que más me atrae del esquí de montaña, más allá del descenso en sí, es el proceso de elegir y seguir líneas bellas y significativas a través de la montaña», cuenta Fay, que en esta página asciende por la Aiguille d'Argentière. A la izquierda, en el descenso de *Navigando fra le spine*, en el Becco della Pazienza.

«El riesgo no es el objetivo; es la consecuencia de buscar desafío, crecimiento y una experiencia humana más profunda», explica Fay. Abajo en Col Maquignaz; a la derecha y en la otra página dos momentos de su *Stratosphérique*; y debajo en el casi vertical Becco della Pazienza.

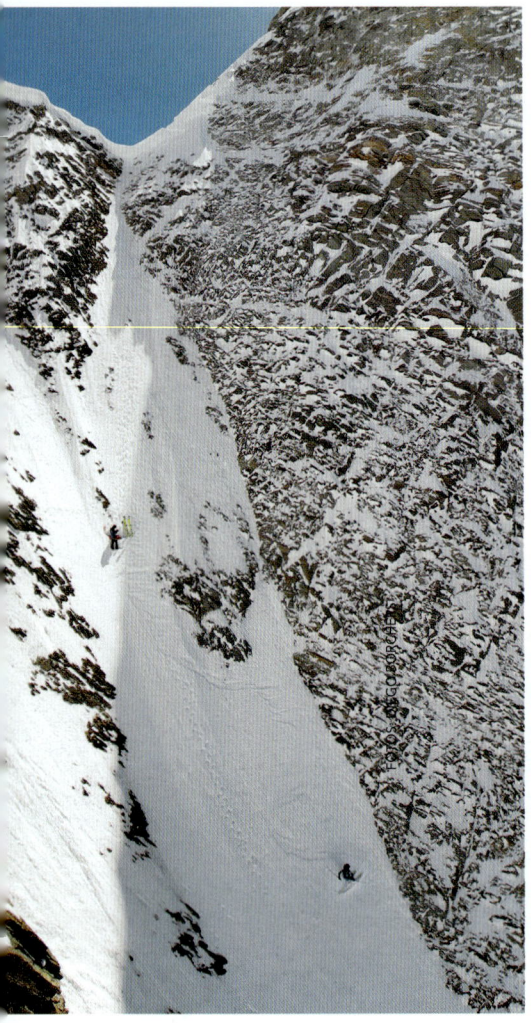

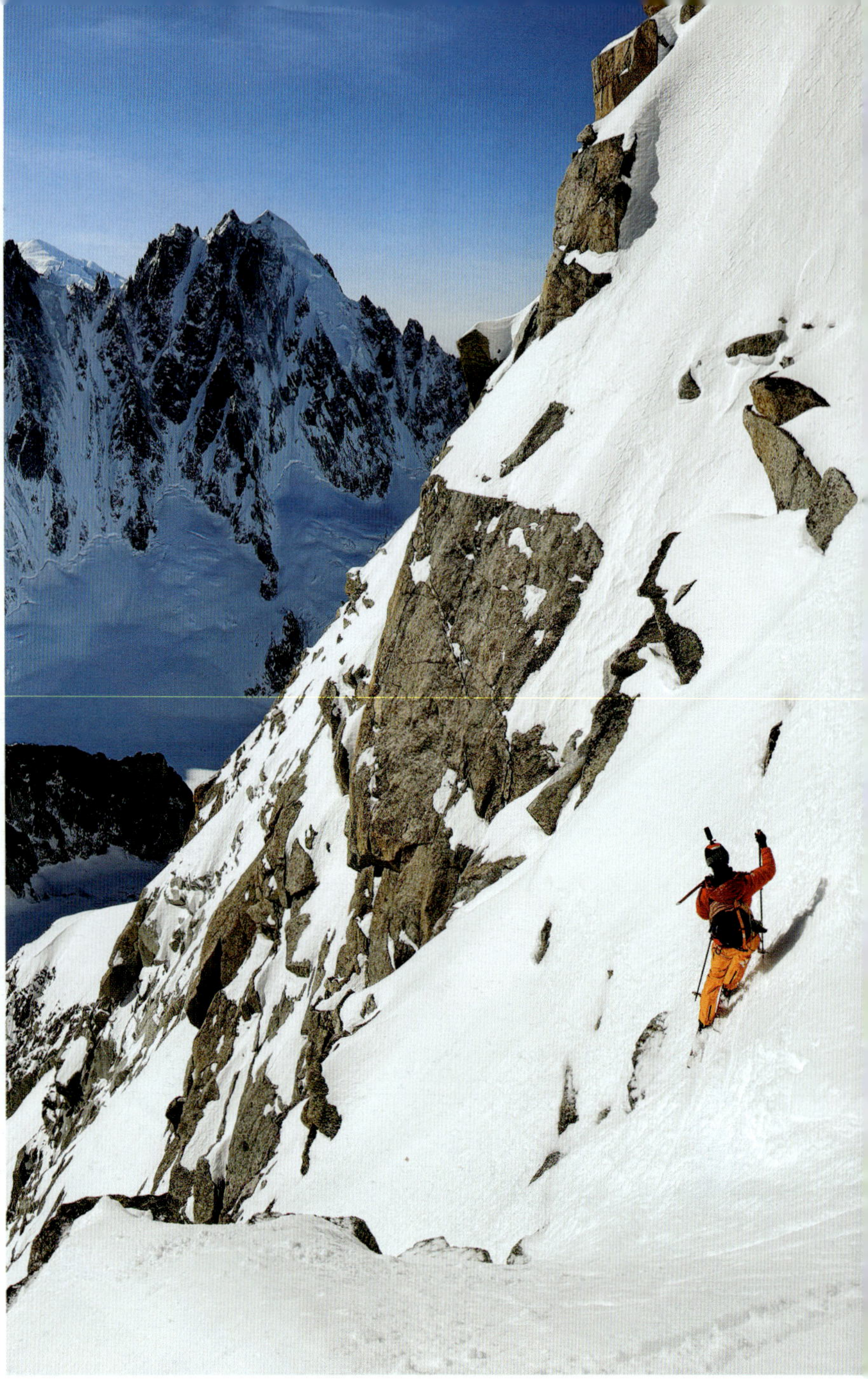

ta cómo una ruta puede recorrer elementos ocultos, conectar cumbres, rodear aristas o sumergirse en caras vírgenes. Se siente deliberado, reflexivo, como resolver un puzle con el terreno, la nieve y el tiempo. No se trata solo de encontrar polvo; a menudo, se trata de elegir una línea que despierte algo en mí. El día completo, desde la aproximación al amanecer hasta los últimos giros muchas horas después, forma parte de la experiencia. Hay una satisfacción que nace de ganarse el descenso, de moverse con propósito en lugares salvajes y de saber que has completado algo que valió la pena de principio a fin.

El juego mental

El esquí de montaña exige a menudo una mentalidad diferente. A diferencia de las líneas freeride, donde puedes esperar nieve polvo constante o acceso por remontes, el terreno de montaña es impredecible. Estás adaptándote continuamente a laderas endurecidas por el viento, a costras de rehielo, a hielo, a rocas ocultas... A veces se trata de un travesía sobre una pendiente empinada sobre cortados, o de un corto rápel por una faja rocosa. La dificultad física es solo la mitad de la ecuación; el verdadero desafío suele ser mental.

En estas situaciones no puedes desconectar. Necesitas estar completamente presente: no solo esquiando, sino gestionando el riesgo, leyendo el terreno, manteniendo la calma. Y, a medida que el terreno se empina, ese juego mental se agudiza.

El esquí extremo es donde esa intensidad alcanza su punto máximo. Puede sentirse como la versión alpina del *free solo*: nieve dura, zonas de "no caerse", corredores estrechos. Cuando entras, has de estar comprometido al cien por cien. No hay espacio para la vacilación.

Desde fuera puede parecer locura, pero la realidad es la opuesta: cada movimiento está enraizado en la preparación, en años de práctica y en una consciencia calculada.

El impulso de la incertidumbre

El riesgo se malinterpreta con frecuencia. Se ve como una imprudencia. Pero, para quienes operamos en entornos de alto compromiso, como el esquí de montaña, el riesgo no es el objetivo. Es la consecuencia de buscar desafío, crecimiento y una experiencia humana más profunda.

FOTOS: COL. FAY MANNERS

El esquí de alto compromiso me coloca en situaciones donde mis decisiones importan. Hay algo ancestral que despierta en esos momentos. Cuando triunfo frente a lo desconocido, ese instante se vuelve inolvidable.

Mi viaje personal hacia el esquí extremo

No crecí esquiando. Aprendí hace menos de 10 años. Y, sin embargo, en los últimos años he esquiado algunas de las líneas más verticales y expuestas de los Alpes.

Cuando me mudé por primera vez a Chamonix, me sentía intimidada. Veía a gente descender las mismas pendientes que yo subía escalando. Pero, con el tiempo, fui creando una base: primero con la formación de instructora de esquí, después con incontables horas en terreno variable. Los

giros con salto, el control de cantos, el juego mental: todo se desarrolló a lo largo de temporadas de días de polvo, descensos agotadores y largas jornadas alpinas.

Al principio, evitaba las líneas clásicas y empinadas cerca de los remontes. Buscaba líneas más ocultas, más remotas, más tranquilas. Poco a poco fui ganando confianza. Empecé a moverme como esquiadora, pero a pensar como alpinista.

Porque eso es el esquí de montaña: una disciplina híbrida. La escalada se integra en mi esquí más de lo que muchos imaginan. Me siento igual de cómoda quitándome los esquís y destrepando, o montando una reunión y rapelando, que encadenando giros. Mi bagaje de alpinismo es lo que me permite abordar el esquí extremo con competencia, no solo con valor.

TRES LÍNEAS MEMORABLES EN ALPES

En los últimos dos años he abierto varios descensos nuevos en Francia, Suiza e Italia. Estos son los que más destacan: los más significativos, desafiantes o memorables. Cada uno de ellos me ha enseñado algo distinto sobre el esquí, la montaña y sobre mí misma.

Serac Umgehung

Navigando fra le spine

El aprendizaje

Cada uno de estos descensos tuvo para mí un carácter único. *Stratosphérique* fue profundamente alpino, una misión completa en escala, exposición y compromiso. *Navigando fra le spine* trató sobre el momento preciso: esquiar una línea que solo está en condiciones en escasas ocasiones, cuando el manto nivoso se forma de forma excepcional. Y *Serac Umgehung* reflejó cómo el retroceso glaciar está cambiando el paisaje, revelando líneas que quizá antes no eran esquiables, y la importancia de estar abiertos a lo que la montaña ofrece en cada momento.

Lo que tienen en común todas estas líneas es la mentalidad: exploración, intención y respeto por la montaña. No se trataba de "tachar" objetivos, sino de esquiar con propósito y de ver qué era posible cuando todo se alineaba.

Hacia dónde vamos

El esquí de montaña está cambiando. Los esquís son más grandes. Los materiales, más ligeros. Más gente se aventura en terrenos más empinados. Y eso es emocionante, pero también peligroso si se aborda sin una base adecuada.

Es difícil decir que el esquí de montaña sea alguna vez realmente seguro. Si caes en el lugar equivocado, puede que no haya segunda oportunidad. Esa es la realidad. Pero eso no significa que no debas hacerlo. Significa que debes respetarlo.

Para mí, la razón por la que sigo volviendo a estas paredes salvajes, a corredores estrechos y a descensos remotos, no es el peligro, es la presencia.

La incertidumbre siempre me ha motivado. Rara vez repito rutas. Me gusta lo desconocido. Me gusta ese instante de duda —¿se podrá esquiar esto?— que se transforma en concentración absoluta cuando empiezo.

En un mundo donde tanto está diseñado para ser seguro, predecible y automatizado, el esquí de montaña nos recuerda que seguimos siendo animales. Que aún necesitamos riesgo. Que aún necesitamos desafío. No imprudencia, sino compromiso humano real. Ahí es donde vive el crecimiento.

Necesitamos un nuevo lenguaje para el riesgo. Un lenguaje que valore la preparación, la claridad y la competencia. El esquí de montaña no trata de coquetear con la muerte, sino de aprender a vivir plenamente frente a lo desconocido.

El esquí de montaña es una disciplina profundamente gratificante, no porque sea

Serac Umgehung

Col Maquignaz, Suiza

Nuestra línea *Serac Umgehung* ("Desvío de sérac"), cerca de la Dent d'Hérens, llegó después de esquiar la Penhall en el Matterhorn el día anterior. Al mes siguiente de la línea anterior (junio de 2025) y de nuevo con Marco, nos alojamos en el vivac Lonza y pasamos un tiempo explorando y observando.

El descenso combina un corredor estrecho y empinado con una pared ancha que baja entre séracs. Tuvimos que atravesar una cornisa para alcanzar la salida, destrepar por roca seca para comenzar a esquiar y después navegar por un glaciar complejo.

Navigando fra le spine

Becco della Pazienza, Italia

Con Marco Malcangi, en mayo de 2025, abrimos *Navigando fra le spine* ("Navegando entre espinas") en el Becco della Pazienza, en Valnontey. Esta línea llevaba años llamándome la atención mientras escalaba cascadas de hielo cercanas en invierno.

El descenso fueron 450 metros de esquí empinado y técnico sin rápeles, lo que nos permitió mantener el flow durante todo el recorrido. La nieve estaba blanda, protegida del viento y con una textura magnífica: una combinación rara en ese tipo de terreno.

En años anteriores, la parte baja de la pared no había estado lo suficientemente cubierta como para esquiarla de forma continua en esa línea directa, pero esta vez todo se alineó. El manto nivoso se había formado justo como debía, y aprovechamos la oportunidad mientras duró. Líneas así no siempre entran en condiciones, y eso hizo que el momento resultase tan especial.

Stratosphérique

Aiguille d'Argentière, Francia

Con Tom Lafaille, en febrero de 2024, ascendimos y esquiamos la Aiguille d'Argentière desde el fondo del valle: un descenso de 2700 metros que llamamos *Stratosphérique* ("Estratosférico"). Desde la arista superior, empinada y expuesta, hasta los tramos de roca técnica y con rápeles, nos movimos en estilo puramente alpino: sin remontes, sin dejar material, sin atajos.

La nieve era perfecta, pero el compromiso era alto. Esperamos a que el sol transformase justo a tiempo, esquiando cada sección con precisión calculada. Esquiando sobre cortados, sorteando roca, entrando en corredores estrechos, fue una de las experiencias de esquí-alpinismo más completas que he vivido.

FOTOS: COL. FAY MANNERS

«La razón por la que sigo volviendo a estas paredes salvajes, a corredores estrechos y a descensos remotos, no es el peligro, es la presencia», escribe Fay, que a la izquierda se autorretrata feliz junto a Tom Lafaille, su compañero en el descenso de *Stratosphérique*, en la Aguille d'Argentière, Alpes franceses.

fácil o inmediata, sino porque exige tu atención completa, paciencia y compromiso. Algunas líneas tardan años en estar en las condiciones adecuadas. Algunas habilidades requieren muchas temporadas para poder dominarlas. Pero eso forma parte de la recompensa: saber que te has ganado cada giro gracias a la preparación, el juicio y la experiencia.

No se trata solo de esquiar duro, sino de convertirse en un atleta de montaña completo. Combina resistencia física con técnica, claridad mental con consciencia emocional. Y, cuando todo se une, cuando las condiciones se alinean, tus decisiones son certeras y el descenso fluye, no hay nada más satisfactorio.

Así que sí, ve a esquiar en la montaña. Entrena bien, muévete con respeto y comprométete con el largo plazo. Porque al final, no son solo las cumbres o las pendientes las que permanecen contigo, sino los días en que sales de tu zona de confort, estiras tus límites y aun así sientes control. Esos son los momentos que recuerdas para siempre.

Y cuando realmente has escuchado y aprendido, es entonces cuando empiezas a esquiar en el lenguaje de la montaña.

Fay MANNERS

Sus aproximadamente 1500 km de cordillera montañosa hacen de Noruega uno de los principales destinos para el esquí de montaña del mundo, siendo los meses de abril y mayo –con muchas horas de luz diurna– los más recomendables para visitarlo.

JULIO VIÑUALES

CON ESQUÍS POR LAS TIERRAS DEL ÁRTICO

Noruega

Muchas de las mejores zonas del mundo para practicar esquí de montaña se encuentran, sin duda, en Noruega. Hablamos de esquí con mayúsculas. En este artículo proponemos diversas ascensiones y rutas por cuatro destinos en los alrededores de Tromsø: Senja, Kvaløya, Mainland y Lyngen.

NORUEGA posee una conexión histórica y cultural muy profunda con el esquí, ya que forma parte de su identidad nacional. Nació aquí, en Escandinavia, como medio de desplazamiento para la caza y supervivencia durante sus largos inviernos. Así lo atestiguan los petroglifos noruegos grabados hace más de 4.000 años, con personas esquiando.

Esta herencia se ve reflejada en una pasión colectiva por los deportes de invierno. Hasta el punto de que lideran con orgullo el medallero histórico de los Juegos Olímpicos de Invierno, gracias, sobre todo, a su dominio en duras disciplinas como el esquí nórdico o el Biathlón. Pero este éxito no es casual, ya que aquí se respira una cultura que fomenta la actividad al aire libre y el respeto por un entorno natural de montañas incomparables para la práctica del esquí.

Sus 1500 km de cordillera montañosa de sur a norte hacen que Noruega sea un lugar privilegiado por sus condiciones y, tanto es así, que difícilmente encontraremos un mejor destino en el planeta para practicar esquí de montaña. Lo difícil será elegir dónde vamos a esquiar entre una infinidad de montañas libres de remontes mecánicos. Os invitamos a hacerlo en su latitud continental más extrema, traspasando el mágico Círculo Polar Ártico, que proporciona inviernos largos, nieves de calidad y fenómenos naturales (según la época) como la aurora boreal o el sol de medianoche, que harán del esquí de montaña una experiencia única.

El concepto de "playa" en Noruega difiere mucho del de nuestras costas. A la derecha, la playa de Grøtfjorden (Kvaloya).

MAY MARTÍ

Zonas esquiables en la región de Tromsø

Tromsø, con 72.000 habitantes bien distribuidos, es la bella y animada ciudad del norte de Noruega, históricamente considerada como «La puerta del Ártico». Sus alrededores forman un umbral de naturaleza pura y salvaje, donde los picos nevados emergen del mar, formando penínsulas, fiordos e islas de gran belleza.

Tromsø tiene profundas raíces en la exploración polar. Desde su puerto zarparon barcos legendarios, como el Fram, en expediciones lideradas por grandes figuras noruegas, como Fridtjof Nansen o Roald Amundsen. Todavía hoy, el espíritu de aquellos extraordinarios exploradores resuena entre estas montañas y cada trave-

sia, cada ascensión, parece evocar esa misma sed de descubrimiento que les impulsó. Deslizarse por estas montañas árticas no es solamente una experiencia deportiva, puede convertirse en un viaje a la esencia de la exploración con esquís, a la soledad, al disfrute de esa cima conquistada con sacrificio bajo una ventisca ártica o, mucho mejor, sobre la luz centelleante de los cristales de hielo. Todo ello realza esa luz tan especial de estas latitudes, sobre un océano azul salpicado de numerosas islas nevadas, que se prolongan casi hasta el infinito.

Pero estas montañas no solo cuentan esas historias de exploración... Son también una invitación a escribir la tuya, respirando el espíritu de aquellos aventureros polares.

Ninguna otra capital noruega puede compararse con Tromsø cuando se trata de posibilidades para el esquí de montaña. Con condiciones adecuadas, en temporada, es uno de los mejores lugares para observar las auroras boreales. Un espectáculo difícil de describir.

Seleccionamos en estas páginas algunos itinerarios de variado nivel y desnivel (hay esquí de montaña para todo tipo de aficionados) pero con una clara preferencia por los más cercanos al mar y con impresionantes vistas al océano. Si, además, llegáramos esquiando hasta la playa, habremos conseguido uno de los puntos fuertes de este viaje... Sobre todo para aquellos que venimos del interior del sur de Europa.

Comenzaremos foqueando desde el coche (si dispusiéramos de un barco, todavía podríamos acceder a un mayor número de itinerarios en montañas solitarias y exclusivas). Ascenderemos generalmente por bosques de pequeños abedules en su parte inferior, que desaparecen sobre los 300/400 m de altitud.

Con un poco de suerte, observaremos renos, águilas reales, perdices nivales, charranes árticos (migran anualmente entre el Ártico y la Antártida) y quizás algún majestuoso alce.

Cuatro grandes destinos en esta zona nos espera: **Senja**, **Kvaløya**, **Mainland** y **Lyngen**. Dos islas y dos penínsulas de la Noruega continental.

JAVIER PELEGAY

GUILLERMO VIÑUALES

VALENTÍN MURILLO

Arriba, fotografiando el atardecer en la zona de Tungeneset (isla de Senja). Uno de los principales atractivos de esta isla es la ascensión al pico Segla, que vemos en la foto de la derecha, arriba, con su afilado perfil y su atractiva pala esquiable. Debajo, dispuestos a afrontarla en su cima y, en la página derecha, pasando a la acción, descendiéndola con vistas al fiordo de Medfjorden.

ISLA DE SENJA
La joya escondida del Ártico

Senja es la segunda isla más grande de Noruega. Una maravillosa isla que está eclipsada entre las famosas islas Lofoten y los imponentes Alpes de Lyngen, que ofrecen los itinerarios más concurridos para el esquí de montaña en esta zona ártica. Esto convierte a Senja en un paraíso de naturaleza salvaje y de ascensiones frecuentemente solitarias con esquís, que te hacen sentir que las montañas están ahí, sólo para ti.

Su orografía nos permitirá escoger rutas en el interior, con condiciones más continentales o descensos directos hasta la costa, desde unas cimas que nos regalan espectaculares vistas del mar de Noruega, con un esfuerzo moderado.

Cómo llegar a Fjordgard (Senja) desde Tromsø

• *Por el continente (240 km / 3:45 h): Muy largo y poco recomendable. Desde Tromsø, a través de la carretera E8 y E6 hasta Bardufoss y ya por la carretera 86 conectar con la isla de Senja a través de un puente en Finnsnes. Aquí tomaremos la carretera 861 en sentido antihorario hasta la 862 y la 7884 que nos dejará en la población de Fjordgard.*

• *Por ferry (70 km / 1:25 h coche +0:40 h de ferry): Una alternativa mucho más interesante y corta es llegar desde Tromsø a través del ferry que conecta Kvaløya y Senja. Desde Tromsø, y dejando a nuestra espalda el aeropuerto, cruzar por el puente hacia Kvaløya por la ruta 862 y continuar sin abandonarla hasta llegar al embarque del ferry en Brens-*

JULIO VIÑUALES

holmen. Al llegar con el ferry a Botnhamn, ya en Senja, retomar la misma ruta 862 hasta Medfjordbotn en que nos desviaremos por la corta carretera 7884 que termina en la población de Fjordgard. Para ir al Husfjellet hay que retomar la ruta 862 hacia el este hasta llegar a las cercanías de Berg (Skaland).

• Ascensión al Segla, 639 m

Segla es una montaña espectacular, considerada el icono de la isla de Senja. Un pico popular y frecuentado en verano, pero en invierno es un gran objetivo solitario. Grandes paredes de roca caen abruptamente al mar desde la cumbre, rodeando todo el pico excepto en su cara SE, en la que disfrutaremos de una larga pala esquiable triangular entre los 35°/40° de inclinación.

El itinerario comienza desde Fjordgard. Es evidente y está señalizado el ascenso hacia la pala hasta llegar al impresionante acantilado. Después, junto al filo, terminaremos con los esquís en la mochila hasta la cumbre.

Un descenso técnico que, para disfrutarlo, exige buenas condiciones de nieve y nivel de esquí. Un descenso soñado para cualquier amante del esquí de montaña con un panorama excepcional.
Dificultad: 4

• Ascensión a Hesten, 558 m

Hesten es un excelente mirador del Segla, situado al norte de este. El itinerario es mucho más sencillo que el del Segla, hasta llegar bajo la cumbre. Allí la mayoría de esquiadores se quedan encima del acanti-

lado, atraídos por las vistas. Desde este punto se realizan la mayoría de las impresionantes fotografías del pico Segla. La cumbre exigirá un acceso por una canal más complicada, generalmente con piolet y crampones. Partiremos también desde Fjordgard, dejando a nuestra izquierda el Segla durante todo el recorrido. Ascensión panorámica y asequible. Cómodo descenso. Excelentes vistas.
Dificultad: 2

• Ascensión al Husfjellet, 632 m

Husfjellet probablemente sea la cumbre con mejores vistas de toda la isla de Senja. Partiendo desde la iglesia de Berg en Skaland, ascenderemos siempre en dirección NW hasta la cumbre. Itinerario bonito y evidente hasta la cima, con excelentes

vistas de los dientes de Tungeneset, el océano y las islas de Vesteralen. Descenso sin complicaciones por el mismo itinerario a Berg. Opcionalmente podríamos descender hasta la playa de Bøvaer pero exige orientación y combinación de coches ó 4 km de porteo.
Dificultad: 2

ISLA DE KVALØYA
El patio de recreo de Tromsø

Al oeste de Tromsø, esta isla es el patio de recreo para la numerosa comunidad de esquiadores de la ciudad. Su relieve le confiere una variedad de terrenos que van desde suaves laderas, hasta impresionantes cumbres afiladas. En Kvaløya encontraremos itinerarios de esquí de montaña para todos, más concurridos que en Senja, pero siempre con la sensación de estar en la maravillosa naturaleza ártica y muy cerca de la capital.

Cómo llegar a Tromvik (Kvaløya)

• *(50 km / 0:50 h). Desde Tromsø llegar a Kvaløya es muy sencillo. Salimos del aeropuerto, a través de la carretera 862 a cruzar el puente que conecta la isla de Tromsø hacia el noroeste. Ya estamos en Kvaløya.*

Continuar por la 862 hasta encontrar el desvío de la 7768 en las cercanías de Ersfjordbotn que nos dejará al pie de las cumbres, una vez pasado Tromvik.

Para llegar al Gratinden, hay que acceder al sur de la isla de Kvaløya por la carretera 858 y 7764 hasta la base de la montaña en las inmediaciones de Storelva.

• Ascensión al Storstolpan, 974 m

Storstolpan es, probablemente, uno de los mejores picos de Kvaløya para el esquí de montaña. Un itinerario popular y frecuentado bien entrada la primavera, muy recomendable para el esquí hacia el sol

FOTOS: JULIO VIÑUALES

de medianoche. Aquí la nieve aguanta mucho tiempo. Ascensión que comienza en lo más alto de la carretera sin asfaltar entre Tromvik y Rekvik. Ascenderemos por su evidente e inclinada pala NW. Arriba, normalmente sin esquís, accederemos hasta la cumbre por una breve arista. *Dificultad: 3*

• **Ascensión al Brosmetinden, 528 m**
Brosmetinden (Brosmortinden), situada frente a Storstolpan, es una montaña corta y de fácil ascensión. Prácticamente exenta de riesgo de aludes, incluso a principios de temporada y que posee un coe-

ficiente de esfuerzo-vistas, realmente insuperable. Ascendemos entre Tromvik y Rekvik (a elección) por la suave ladera Este. Lo mejor es comenzar por encima del lago helado de Rekvikvatnet.

La cara oeste del pico (tiene 2 cimas) cae abruptamente al mar con vistas impresionantes.

Itinerario ideal para una ventana escasa de buen tiempo y también para recién iniciados en esquí de montaña. *Dificultad: 1*

• **Ascensión al Gratinden, 871 m**
Gratinden es una montaña que se alza al sur de Kvaløya frente a Malanguen, con una

A la izquierda, disfrutando del Brosmetinden sobre el océano glacial Ártico, en la isla de Kvaløya), y en esta página, arriba, en el ascenso previo a esta corta montaña corta y sencilla, que ofrece vistas espectaculares. Debajo, esquiando hasta la playa de Bovaer, en la isla de Senja.

RICARDO MONTORO

JULIO VIÑUALES

RICARDO MONTORO

A la derecha, descendiendo frente a los Alpes de Lyngen, en Mainland. Y sobre estas líneas, arriba, en esta misma península, admirando las vistas desde la antecima del pico Stortuva. Debajo, llegando al Gratinden (ubicada al sur de la isla de Kvaløya) con la imponente silueta del pico Bentsjordtinden detrás.

subida agradable, suave y progresiva, que nos depara un tramo final sobre un ancho filo con cornisas, que nos deposita en una cima de vistas magníficas. Sorprende la visión que tenemos desde aquí de Tromsø, del interior de Kvaløya, de las islas de Senja y Malanguen con el omnipresente pico de Bentsjordtinden. Una bonita cumbre con un cómodo descenso hasta el mar.

Dificultad: 2

PENÍNSULA DE MAINLAND
El corazón montañoso de Tromsø

La península de Mainland pasa un poco desapercibida en comparación con sus

vecinas más icónicas, pero alberga montañas con excelentes oportunidades para el esquí. Los desplazamientos desde Tromsø son breves e, incluso desde la ciudad, podemos acceder a su montaña más emblemática: el Tromsdalstinden. Desde estas cumbres situadas al noreste de la península observaremos las mejores vistas sobre los Alpes de Lyngen.

Cómo llegar al norte de Mainland:
• (44 km / 0:50 h). Tromsø está enclavado en una isla y conectada por puentes tanto al oeste, a Kvaløya (kvaloysletta) como al este, a Mainland (Tromsdalen). Desde Tromsdalen precisamente, comienza la ruta 864 que tomaremos para llegar al nor-

te de Mainland. En el final de esta carretera (Oldervik) o poco antes para el Ullstinden, parten las dos rutas propuestas.

• Ascensión al Stortuva, 1109 m

Stortuva es una cumbre muy poco frecuentada pero con las mejores vistas sobre los Alpes de Lyngen. Ascensión algo larga y suave hasta la cumbre principal. Partiremos desde Oldervik hacia el sur por un camino sobre la orilla del mar para internarse pronto, en el barranco de Kastneselva por el bosque. Evidente recorrido más adelante, por fantásticos y solitarios campos de nieve con inmejorables vistas. Grandioso descenso por suaves y amplias laderas hasta la línea de costa.

Recomendable un atajo por un interesante y breve tramo a 30°/35°.
Dificultad: 2

• Ascensión al Ullstinden, 1078 m

Ullstinden es una de las más clásicas y concurridas ascensiones de la zona de Tromsø.

Comenzamos entre Snarby y Oldervik desde uno de los parkings habilitados. El itinerario (generalmente con huellas) es evidente y sencillo por la amplia ladera SW. Se puede combinar con la vecina cumbre de Svarthammartinden (891 mts). Ambas ofrecen vistas magníficas sobre los Alpes de Lyngen y del interior de Mainland. El descenso hasta la carretera

es fácil y con diversas alternativas. Itinerario bello, sencillo y disfrutón.
Dificultad: 1

PENÍNSULA DE LYNGEN
La meca del esquí de montaña en Noruega

Los Alpes de Lyngen son, para muchos, el epicentro del esquí de montaña en el Ártico de Noruega. Sus cumbres más elevadas, afiladas y complicadas están en esta zona, como el Jiehkkévarri, su máxima altitud, con 1834 m. La diversidad de rutas bellas y desniveles nos permiten encontrar desde suaves itinerarios a descensos extremadamente técnicos y que hacen de

NORUEGA: INFORMACIÓN PRÁCTICA

Hasta en mayo se pueden registrar nevadas incesantes durante muchos días, como si fuera pleno invierno. Hay un viejo dicho nórdico que indica que si no te gusta el tiempo que hace, espera 5 minutos que cambiará.

Mapas, meteo y avalanchas

Webs imprescindibles para consultar frecuentemente, antes y durante la estancia:

Mapas: *https://www.norgeskart.no* (utilizar el mapa de Norgeskart para localizar cumbres, carreteras y poblaciones de salida).
Meteo: *https://www.yr.no/nb*
Aludes: *https://www.varsom.no*

Guías y webs

• *Ski Touring in Troms,* de Espen Nordahl, editada por Fri Flyt en inglés y noruego. Es la auténtica "biblia" del esquí de montaña en Tromso.
• *Ski Touring in Norway,* diversos autores, Ed. Fri Flyt. Una guía de calidad con itinerarios de esquí de montaña en toda Noruega.
• Información esquí Tromsø: *https://www.visittromso.no/ski-touring*
• *Wikiloc* dispone de muchos itinerarios que, bien seleccionados, pueden ser útiles. Sobre todo en condiciones meteorológicas adversas.

Altitud y latitud

Aunque a muchos les puedan parecer, en general, cumbres de altitudes modestas, dichas altitudes están medidas sobre el nivel del mar, ya que la mayoría de los itinerarios ascienden desde la misma línea de costa. Aquí lo verdaderamente importante no es el desnivel acumulado, sino el excepcional entorno en el que esquías. En las latitudes del Ártico (66º 33' 52'' N), cualquier itinerario de esquí significa moverse por terreno de alta montaña.

Mejor época para esquiar en Noruega

Aunque la nieve cubre las montañas antes que en el sur, hay que considerar que en estas latitudes árticas las horas de luz condicionan, y mucho, la práctica del esquí de montaña. Esto no sucede con el esquí nórdico, normalmente practicado en circuitos iluminados artificialmente. En el Ártico, las horas de luz disponibles crecen mucho diariamente a lo largo de la temporada. Combinar estas horas de luz con las escasas ventanas de buen tiempo puede ser la clave.

Noviembre, diciembre y enero son prácticamente de noche polar o con la escasa luz del Crepúsculo Civil, con una nieve en asentamiento y en los que el esquí nórdico será la base para la temporada invernal. Febrero marca el comienzo de la temporada de esquí de montaña.

Febrero, pero sobre todo marzo, pueden ser los de mayores garantías para esquiar sobre nieve polvo, además de observar auroras boreales. Pero mucho ojo todavía con las escasas horas de luz en febrero.

Abril y mayo son excelentes para esquiar con mucha luz horaria, realizar largos recorridos, poder optar por un esquí matutino o vespertino y, en general, con una nieve más estable, que nos invitará a realizar ascensiones más comprometidas disfrutando de largos e interminables atardeceres. En mayo esquiar con el sol de medianoche será algo único e inolvidable.

Clima y nieve

El clima en la latitud 69º N es frío. Pero aquí estamos dentro de un Ártico amable, ya que en esta zona está atenuado por la famosa corriente del Golfo, que impide que el mar se congele. Un clima subpolar oceánico.

El tiempo es muy cambiante. Es en general muy húmedo y nuboso, sobre todo el clima costero, ya que en el interior de Escandinavia es más seco y frío. Las temperaturas invernales son perfectamente soportables cerca de la costa, oscilando entre +3º/-13º y raramente bajan de -15º/-20º

El tiempo atmosférico tan variable de la costa provoca, lógicamente, que las condiciones de la nieve también cambien. Así pues, esa perfecta nieve polvo que imaginamos nunca estará asegurada completamente, ni siquiera en enero, que puede llover, pero en cambio la nieve de primavera (summer snow para los noruegos) no está tan podrida como en nuestras latitudes, gracias a una oscilación térmica mucho menor.

ROALD AMUNDSEN
1872 - 1928

Transportes

Para volar a Tromsø existen diversas opciones. Recomiendo viajar con la compañía Norwegian, a través de Oslo. No olvidéis declarar y pagar el extra del equipaje deportivo.

Alquilar un coche en Noruega tiene precios razonables y es prácticamente obligatorio para desplazarnos entre zonas esquiables. En temporada invernal, los vehículos equipan neumáticos de invierno con clavos. Es aconsejable revisar y fotografiar muy bien el estado del vehículo antes de conducirlo, ya que algunas compañías, desgraciadamente al igual que en España, pueden hacer más negocio con el cargo por eventuales daños producidos que por el propio alquiler. La conducción en Noruega es lenta por la orografía, la nieve y el respeto general por las normas de circulación. Adaptarse a la condiciones y disfrutar del paisaje.

Alojamiento, comidas y moneda

Alquilar casas particulares muy bien preparadas o antiguas granjas, hoy cálidas y acogedoras, es la opción más frecuente si vamos en grupo. Hay de todo tipo, también apartamentos. Podéis reservar en portales como Airbnb o Booking. También en: *www.visittromso.no*

La restauración es cara en Noruega, así que comer en casa, previa compra realizada en el supermercado más cercano, es la opción más razonable. En los supermercados se puede comprar siempre de todo, excepto cerveza (que tiene un horario disponible). El vino, merecerá

MAY MARTÍ

la pena haberlo comprado en el Duty free del aeropuerto, ya que en Noruega se compra en tiendas especializadas a precios carísimos.

Recomiendo comprar allí salmón ahumado al corte en algunos supermercados. Variedad, excelente sabor y buen precio. En algunos de los restaurantes de la ciudad de Tromsø cocinan ballena ártica.

En Noruega se paga (Corona noruega/NOK) prácticamente todo con tarjeta. El dinero en papel en algunos lugares no lo aceptan o ponen problemas para admitirlo.

Equipo de esquí

Usaremos el mismo material de esquí de montaña que en España, aunque los noruegos, normalmente, con nieves polvo mucho más frecuentes que en Pirineos y con poca presencia de hielo, usan esquís bastante anchos y no suelen utilizan por tanto ni piolet ni crampones en las cimas de suaves relieves. ¡Pero hay que llevarlos!

En Noruega es más frecuente ver entre la numerosa comunidad local esquiadores empleando la técnica Telemark, cuyo nombre viene de la región de Telemark, al sur del país. Esta técnica permitió en los inicios del esquí, realizar un elegante giro con el talón suelto, para afrontar virajes en pendiente.

En el Ártico de Noruega existen muy pocas estaciones de esquí alpino, son pequeñas y testimoniales. La de Tromsø cuenta con 2 remontes de escaso desnivel. Pero existe una extensa red de rutas marcadas con huella para el esquí nórdico y prácticamente casi todas las comunidades noruegas cuentan con circuitos preparados para esta disciplina.

Otros consejos y visitas de interés

• Noruega está muy acostumbrada al turismo, sobre todo en verano. Son gente amable, hospitalaria y prácticamente todo el mundo habla inglés.
• Recomiendo visitar en Tromsø la espectacular biblioteca pública y el museo polar.
• Como curiosidad culinaria aconsejo degustar las salchichas de reno en el Raketten Polse, un kiosko del centro de Tromsø, que presume de ser el bar más pequeño del mundo.
• Merece la pena visitar la catedral del Ártico, de moderna arquitectura y que está situada al otro lado del puente, en Tromsdalen.
• En Tromsø hay tiendas con material de montaña para venta y alquiler.
• En Kvaløya, recomiendo una cafetería llamada Bryggejentene (en Ersfjordbotn) con excelente pastelería y artesanía (todo muy bien cuidado y decorado). Tiene unas vistas impresionantes del fiordo Ersfjordbotn.
• Desde el avión, al despegar, observamos un paisaje de cimas nevadas surgidas del mar, que nos incitarán a soñar con volver otra vez más...

GUILLERMO VIÑUALES

Arriba, espectáculo de una aurora boreal extinguiéndose junto a las luces del norte, en Senja. Izquierda, recabando información de la comunidad local. Debajo: estatua del explorador Roald Amundsen en Tromsø; el bar más pequeño de esta ciudad: *Raketten Bar & Polse* (con salchichas de reno) y paseo por el bosque, alternativa para los días de temporal.

los Alpes de Lyngen un destino de culto, que atraen como un imán a miles de esquiadores de todo el mundo.

Cómo llegar a Lyngen norte:
• *(91 km 1:30 h coche + 0:25 h ferry). Desde Tromsø cruzar a Tromsdalen por el puente o túnel submarino (de pago) para recorrer la E8 hasta Fagernes. Allí desviarse por la 91 hasta tomar el ferry que cruza de Breivikeidet a Svensby, luego por la 7922 al norte hasta casi el final de la carretera.*

• Ascensión al Russelvfjellet, 815 m

Russelvfjellet está en el extremo norte de los Alpes de Lyngen, tiene 2 cumbres rodeadas de mar con vistas increíbles. Normalmente se asciende la cumbre sur (794 m). Comenzaremos desde cerca del final de la carretera que recorre la península, por un suave recorrido semicircular en sentido antihorario hacia la cima. Bonito descenso por el mismo itinerario. Opcionalmente, con condiciones adecuadas y buen nivel de esquí, podemos intentar su canal SW (45° máx). La ruta normal es menos exigente que otros itinerarios en Lyngen, pero su ubicación le proporciona un ambiente extraordinario. Una península rodeada por el mar. *Dificultad: 2*

Julio VIÑUALES COBOS

Proponemos una experiencia transfronteriza entre dos mundos de alta montaña, recorriendo con las tablas los valles del entorno de Panticosa, en el Pirineo oscense, y el macizo del Vignemale, en la vertiente francesa de la cadena. Un recorrido que podemos hacer en cuatro o en cinco días si añadimos ascensiones a picos como la Peña de Aragón, el Pic Longe o el Petit Vignemale, en los que disfrutaremos del entorno salvaje de estas cumbres. // **Texto y fotos: Húgo Cózar**

5 DÍAS POR PIRINEOS
Travesía circular por Panticosa y Vignemale

En el entorno de Panticosa hay tresmiles como el Garmo Negro al oeste (descendiéndolo en la foto grande), su vecino Argualas o el Arnales, al norte, que multiplican las opciones para el esquí de montaña. A la izquierda, en la subida hacia el Puerto de Marcadau.

L A línea de crestas que separa el Pirineo español del francés es, en realidad, una invitación al cruce. Un desafío natural para el esquiador de montaña que busca algo más que una simple ascensión: un recorrido completo, con variedad de paisajes, pasos fronterizos históricos y cimas emblemáticas. La travesía que conecta el Balneario de Panticosa con los valles franceses del Parque Nacional de los Pirineos es, en ese sentido, una de las propuestas más atractivas que se pueden hacer en el Pirineo.

Durante cinco intensas jornadas, el esquiador de montaña conocerá algunos de los valles más solitarios (en la temporada de invierno y primavera) y bellos del Piri-

neo central: Panticosa, Marcadau, Gaube o Ara, todos ellos salpicados de lagos helados, refugios bien situados y rodeados por una arquitectura de picos afilados.

Cimas como el Pico de la Muga Nord, los Peyregnets de Cambalés o los Dientes de Batanes son objetivos factibles por el esquiador de montaña habituado a realizar con asiduidad itinerarios en el Pirineo. El Gran Vignemale (3.298 m), la cima más alta del Pirineo francés y uno de los gigantes más alpinos de la cordillera, puede ser la guinda del pastel si queremos acometer su ascenso.

Con inicio y final en el icónico Balneario de Panticosa, esta travesía de esquí de montaña enlaza tres refugios guardados,

permite hacer varias cumbres opcionales, y ofrece terreno variado con desniveles asumibles, pero a la vez exigentes.

Vignemale y montañas de Panticosa, un paraíso escondido

El macizo del Vignemale, conocido también como Comachibosa en su vertiente española, es un conjunto montañoso monumental. Más de una quincena de sus cumbres superan los 3000 metros de altitud, formando un anfiteatro glaciar en torno al glaciar de Ossoue, uno de los últimos del Pirineo. El Gran Vignemale (3298 m), el Pitón Carré, el Montferrat o el Cerbi-

ADOBESTOCK

FOTOS: COL. HUGO CÓZAR / MUNTANIA

llona son nombres que resuenan con fuerza en la historia del alpinismo clásico, y hoy siguen siendo puntos de referencia para el esquí de montaña.

Más accesibles, pero no menos bellas son las montañas de Panticosa, al sur del eje fronterizo. Desde el Balneario, una gran cuenca glaciar se abre hacia el norte, rodeada de cimas como el Garmo Negro, el Argualas o los Infiernos. Es una zona con desniveles potentes, ideal para travesías, con acceso rápido y buena infraestructura de refugios. La conexión natural entre ambos macizos, a través de puertos como el Marcadau o el collado de Oulettes, convierte esta propuesta en una de las más completas del Pirineo central.

ITINERARIO
Día 1. Del balneario de Panticosa al refugio Wallon

Recorrido: Casa de Piedra (1636 m) / Refugio Bachimaña (2170 m) / Pico Muga Nord (2676 m) o Pico de la Muga (2726 m) / Refugio Wallon (1880 m).

Desnivel: +950 m / -700 m sin cimas. +1.200 m / -950 m con cimas.

Horario estimado: 5-7 horas
Pernocta: Refugio Wallon
Track: https://desni.in/34fxp

La jornada comienza en el histórico Balneario de Panticosa, punto de encuentro para

Arriba, el balneario de Panticosa, punto de partida y final de esta propuesta circular. Debajo, en el Puerto de Marcadau; y a la derecha, subiendo por el entorno de Panticosa, con silueta de Peña Telera detrás.

muchos itinerarios de montaña. Tras calzarnos esquís, ascendemos hacia el Refugio de Bachimaña, después de salvar un fuerte antes de alcanzar el refugio de Bachimaña. Desde el refugio, el valle se abre hacia el norte, y cruzamos el embalse helado de Bachimaña Alto para dirigirnos al Port de Marcadau (2541 m), paso natural hacia Francia.

Si las fuerzas lo permiten, podemos aprovechar para ascender bien al Pico

FOTOS: COL. HUGO CÓZAR / MUNTANIA

**Arriba, ascendiendo por la parte superior
del Ibón de Bachimaña; y a la derecha por ese
mismo entorno, con la presa del Ibón de
Bachimaña Superior visible al fondo. Sobre estas
líneas, montañas del entorno de Panticosa;
y a la derecha, en la subida desde el refugio de
Wallon al Peyregnets de Cambales, en
el segundo día de la travesía aquí propuesta.**

Muga Nord (2676 m) o al Pico de la Muga
(2726 m), bonitas atalayas con vistas tanto
de las montañas que rodean el Balneario
de Panticosa como al norte, ya en Francia,
las montañas sobre el valle de Marcadau.
  Desde el collado, entramos en territorio
francés y nos espera un descenso largo y

muy panorámico hasta el Refugio Wallon, enclavado en el corazón del valle.

El refugio, recientemente renovado, se encuentra en un enclave espectacular, entre bosques, lagos helados y picos afilados.

Día 2. Circular en torno al refugio Wallon

Recorrido: Refugio Wallon / Peña Aragón (2918 m) / Peyregnets de Cambalés (2965 m) / Refugio Wallon

Desnivel: +1400 m / -1400 m

Horario estimado: 5-7 horas

Pernocta: Refugio Wallon

Track: https://desni.in/bqu86

Una ventaja de esta jornada es que no tendremos que cargar con todo el equipo, ya que dormiremos en el mismo refugio. Aprovecharemos para realizar una circular alpina, ascendiendo primero al Peña de Aragón progresando por un valle dirección oeste hasta alcanzar de nuevo España por el Col de la Fache y después al más alto de la jornada, el Peyregnets de Cambalés (2822 m), desde donde se domina buena parte del Vignemale y el valle de Gaube.

La bajada se realiza desde el Col d'Aragón (2806 m) situado un poco al sur entre el Peyregnets de Cambalés y la Peña de Aragón por un lugar distinto al de subida, siguiendo un valle salpicado por los Lacs de Cambales y Lacs d'Opale.

Día 3. Del refugio Wallon al Oulettes de Gaube

Recorrido: Refugio Wallon / Col d'Aratille (2526 m) / Collado de los Mulos (2591 m) / Refugio Oulettes de Gaube (y posible ascenso a Alphonse Meillon, 2930 m)

Desnivel: +660 m / -300 m.

Horario estimado: 5-6 h.

Pernocta: Refugio Oulettes de Gaube

Track: https://desni.in/6gthe

Esta etapa es una travesía de enlace entre dos valles que representa uno de los tramos más estéticos del recorrido. Desde Wallon nos dirigimos hacia el sureste

alcanzando de nuevo España por el Col d'Aratille (2526 m), recorrer la cabecera del valle del Ara y entraremos de nuevo a Francia por el Collado de los Mulos (2591 m). La última parte del recorrido será el descenso al refugio des Ouelettes de Gaube. La llegada al refugio, dominado por la cara norte del Vignemale, es uno de esos momentos que quedan grabados en la memoria.

Si el grupo va bien de fuerzas y las condiciones son buenas, es muy recomendable ascender al Alphonse Meillon (2930 m), una cima panorámica con vistas espectaculares del Vignemale. Esta ascensión añadirá otros +-250 m al desnivel total de la jornada.

Día 4. Circular en torno al Vignemale
Recorrido: refugio Oulettes de Gaube / Pic Longe del Vignemale, 3298 m (o bien Petit Vignemale, 3032 m) / Oulettes de Gaube.
Desnivel: Pic Longe del Vignemale +1.450 m / -1.450 m. Petit Vignemale +1.050 m / -1.050 m

Horario estimado: 7-8 horas. Un par de horas menos al Petit Vignemale.
Track: https://desni.in/6jupy

Esta es una opción para alargar la travesía y sobre todo disfrutar de la mítica monta-

ña del Vignemale que, con 3298 m, es la más alta de la vertiente francesa del Pirineo y la más alpina del eje axial. Su cima es historia, leyenda y referencia. Desde su cara norte, donde Henry Russell abrió algunas de las primeras rutas en el siglo XIX, hasta su glaciar aún persistente, es una montaña que impone y seduce. Su silueta desde el refugio de Oulettes es una de las más icónicas de los Pirineos y en su entorno ofrece multitud de ascensiones invernales y travesías en esquís, si bien la mayoría exigen experiencia. A cambio de esfuerzo, ofrece una belleza cruda y salvaje que pocos lugares igualan.

La opción que proponemos aquí es, partiendo del refugio Oulettes de Gaube,

FOTOS: COL. HUGO CÓZAR / MUNTANIA

Arriba, rojo atardecer sobre el imponente macizo del Vignemale (con el característico Couloir de Gaube en el medio); y el cercano refugio Oulettes de Gaube. A la izquierda, en grande, en la parte superior del ascenso al Vignemale, y en pequeño, esquiando en dirección al refugio para finalizar otra buena jornada de esquí.

ir dirección este hasta llegar a los Lacs d'Arraille y desde aquí, en dirección sur, alcanzaremos Hourquette d'Ossoue (2.734 m) que precede al refugio Bayse-llance. Bordearemos la cresta del Petit Vignemale por su vertiente sur y alcanza-remos el Glaciar d'Ossoue, que seguire-mos hasta alcanzar la cumbre.

RECOMENDACIONES Y DATOS DE INTERÉS

REFUGIOS

• **Refugio Casa de Piedra, Panticosa (1636 m):** acceso en coche, con logística sencilla. Se puede dormir la noche previa a la partida. Información y reservas: https://alberguesyrefugios.com/casadepiedra. Tel: 974 487 571

• **Refugio de Bachimaña (2200 m):** se pasa de camino, sin pernocta en esta propuesta de travesía, pero nos puede servir de abastecimiento de comida durante la primera jornada. Información: https://alberguesyrefugios.com/ibonesdebachima. Tel: 697 126 967.

• **Refugio Wallon Marcadau:** recientemente renovado y situado en un entorno ideal. Información y reservas: www.refuge-marcadau.csvss.fr/es. Tel: (+33) 09 88 77 37 90.

• **Refugio Oulettes de Gaube:** ubicación espectacular bajo el Vignemale. Información y reservas: https://refugeoulettesdegaube.ffcam.fr. Tel: (+33) 09 88 18 41 46

• **Refugio de Bayssellance:** opcional para suavizar la ascensión al vignemale. Información y reservas: https://refugebayssellance.ffcam.fr. Tel: (+33) 09 74 77 66 52

RECOMENDACIONES

• La mejor época para realizarla suele ir de marzo a mediados de abril.

• Imprescindible llevar material completo de seguridad en terreno invernal: DVA, pala y sonda, crampones y piolet. Además de saber utilizarlo.

• Es una ruta diseñada para personas con experiencia previa en travesía, de una dificultad moderada. No es una ruta para principiantes.

• Consultar siempre el parte meteorológico, así como las condiciones nivológicas y el parte de aludes.

BIBLIOGRAFÍA Y CARTOGRAFÍA

• *Rutas con esquís Pirineo Aragonés. Tomo II.* Jorge García-Dihinx. Ed. Prames, 2016.

• *Mapa 1:25.000. Valle de Tena.* Editorial Alpina

• *Mapa 1:25.000. 1647 OT. VVignemale.* ING.

Izquierda, gozando de las buenas condiciones de la nieve en la bajada al refugio Oulettes de Gaube. Debajo, el refugio Bayseñance y grupo de esquiadores cerca del Ibón de Bramatuero.

FOTOS: COL. HUGO CÓZAR / MUNTANIA

De regreso, desde la Hourquette d'Ossoue podremos bajar directos por una buena pala en dirección noroeste por debajo de toda la imponente cara norte del macizo del Vignemale.

También se puede optar por un plan menos exigente físicamente que será alcanzar la cumbre del Petit Vignemal (3032 m). En este caso, el trayecto desde el refugio Bayssellance será bastante más corto.

Igualmente, si queremos ascender al Pic Longe del Vignemale pero de una forma más suave, tenemos la opción de pernoctar en el refugio Bayssellance, con lo que alargaríamos la travesía total en otra jornada más.

Día 5. Del refugio Oulettes de Gaube al balneario de Panticosa

Recorrido: Refugio Oulettes / Collado de Oulettes (2615 m) / Valle del Ara / Dientes de Batanes (2888 m) / Ibones de Batanes / Balneario de Panticosa

Desnivel: +1.200 m / -1.550 m

Horario estimado: 6-7 h.

Track: https://desni.in/qy86j

Desde el refugio, se remonta el collado de Oulettes para descender a la cabecera del Valle del Ara. Tras cruzar un tramo de transición, alcanzaremos los Ibones de Batanes, y continuaremos el ascenso hasta los espectaculares Dientes de Batanes. Esta cima marca el punto culminante del día y desde ella comienza un largo descenso hacia el balneario de Panticosa, con nieve generalmente favorable y buena orientación. La última parte requiere destreza en las técnicas de descenso para sortear los árboles. Hay que prestar atención a los partes de aludes porque se atraviesan algunas zonas proclives al desencadenamiento de avalanchas. Rematamos con esta jornada preciosa para cerrar la travesía con una gran sonrisa.

Húgo CÓZAR
(T.D.Alta Montaña. Gerente Muntania /Geographica. Global Adventure Team S.L.)

GREDOS

4 PROPUESTAS DE ESQUÍ DE AVENTURA

Ofrecemos en esta selección cuatro recorridos por la sierra de Gredos –uno por el macizo central y el resto por el occidental– que nos sacan de los caminos más transitados, añadiendo un importante componente de aventura y descubrimiento. La época más propicia para realizarlos suele ser entre febrero y abril.

Texto y fotos: Raúl Lora

EN LA SIERRA DE GREDOS, igual que en el resto de los macizos europeos, en los últimos años se ha producido un gran aumento del número de esquiadores de montaña. Tanto es así que, durante el invierno y la primavera, es bastante frecuente ver grupos de esquiadores subiendo al Morezón o a La Mira, algo que hace un par de décadas era inimaginable.

Las mejoras en el material han simplificado tanto el aprendizaje de las técnicas básicas de este deporte que ahora es posible llegar más lejos, más rápido y con fuerzas suficientes para disfrutar de los descensos en cualquier tipo de nieve. Todo ello ha hecho que no solo los montañeros se acerquen al esquí de montaña, sino que muchos esquiadores de pista —aburridos de las estaciones— se inicien en esta modalidad para ampliar su radio de acción en terreno invernal y disfrutar del esquí en zonas alejadas, solitarias y salvajes.

A pesar de esos avances en el material de esquí y seguridad, no hay que olvidar que el esquí de montaña se practica en un medio muy cambiante, que entraña una serie de peligros objetivos y exige un bagaje previo para identificarlos y gestionarlos de forma eficaz. Avalanchas, cornisas o ventiscas son palabras que algunos esquiadores solo asocian a las grandes montañas alpinas, pero que, sin embargo, están presentes todos los inviernos en nuestra sierra.

Además, el esquí, por su carácter más lúdico que otras disciplinas de montaña, suele ser el caldo de cultivo perfecto para que afloren ciertos peligros subjetivos, como la competitividad, la euforia o la falta de objetividad. Conviene recordar que estos peligros subjetivos están presentes en la gran mayoría de los accidentes.

Por todo ello, es recomendable no perder de vista que todos practicamos este deporte para disfrutar y divertirnos. Para lograrlo, es absolutamente imprescindible contar con unos conocimientos y una experiencia previos que nos permitan tomar las decisiones apropiadas en cada momento. De lo contrario, lo más sensato es ponerse en manos de un guía de alta montaña y dejarse enseñar o guiar para disfrutar con la mayor seguridad.

Mejor época y condiciones habituales

La montaña invernal es un medio en constante cambio, por lo que hay que tener siempre presente que una ruta que hoy está en perfectas condiciones, mañana —o incluso solo unas horas más tarde— puede transformarse por completo y requerir el uso de cuchillas, crampones y piolet. Además, la sierra de Gredos, por su altitud y situación geográfica, presenta acumulaciones de nieve muy variables de un año a otro, por lo que conviene informarse bien antes de acometer cualquier ruta.

Aunque la temporada puede comenzar en diciembre y prolongarse hasta finales de abril, la mejor época para la práctica del esquí de montaña suele ser desde finales de febrero hasta principios de abril. En las últimas semanas de la temporada es frecuente disfrutar de largos días soleados con nieve primavera en muy buenas condiciones.

Otra de las características de la sierra de Gredos es su marcado clima continental, seco y frío durante el invierno. Los periodos de mal tiempo suelen durar pocos días, predominando las condiciones anticiclónicas que hacen que la nieve se transforme y endurezca rápidamente. Tampoco es extraño que, en las últimas horas de los temporales, las precipitaciones sean en forma de lluvia incluso en cotas elevadas. Esto genera una película de agua sobre la nieve que, al regresar el anticiclón y descender las temperaturas, se convierte en una potente y sólida costra de hielo, uno de los mayores peligros para los esquiadores de montaña.

Por otro lado, aunque las avalanchas son menos frecuentes que en otros macizos montañosos más septentrionales, todos los inviernos se registran algunas en zonas muy concretas. Los aludes de placa y los de fusión son los que se desencadenan con mayor frecuencia.

A continuación proponemos cuatro itinerarios que suelen ser poco transitados, con distintas alternativas en cada zona, donde podremos disfrutar de la calidad de los descensos y los paisajes de esta sierra.

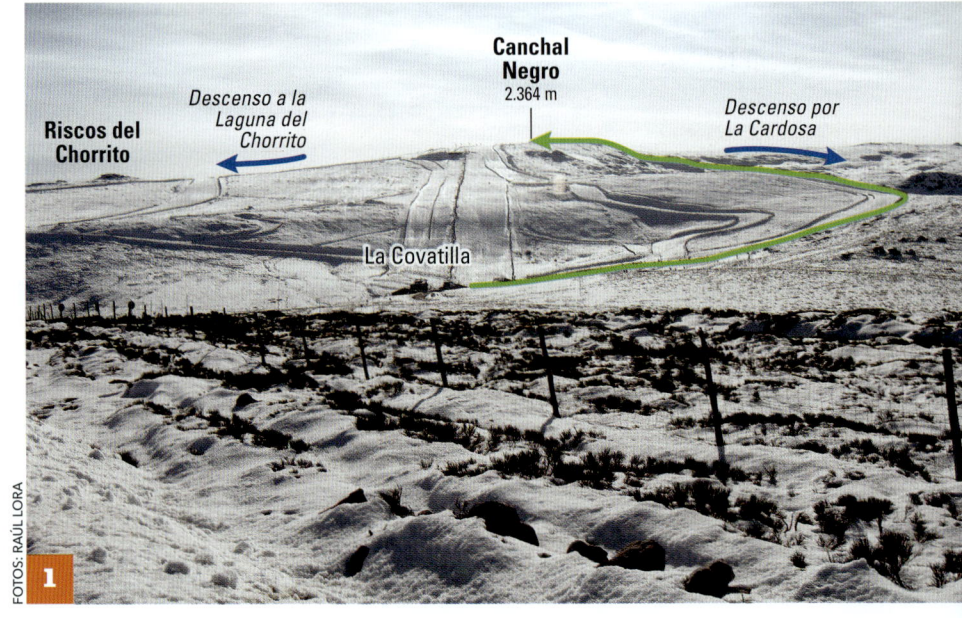

Riscos del Chorrito

Descenso a la Laguna del Chorrito

Canchal Negro
2.364 m

Descenso por La Cardosa

La Covatilla

FOTOS: RAÚL LORA

1

MACIZO OCCIDENTAL, LA HOYA (BÉJAR)

1. Canchal Negro (2364 m). La Covatilla

Coordenadas: X:271490 Y:4468707

En el entorno de la estación de esquí de la Covatilla existen muchas opciones para iniciarse en el esquí de montaña. Aquí proponemos uno de los recorridos más recomendables, aunque se pueden realizar muchas otras combinaciones en las gargantas próximas a la estación.

Tipo de ruta: circular
Inicio: aparcamiento de la estación de esquí de La Covatilla. **Altitud:** 1960 m. **GPS:** X:271499 Y:4470695.
Dificultad: iniciación. Inclinación máxima de unos 20-25°. En general bajadas anchas con pendientes suaves.

Duración: 4h.
Desnivel ascenso: 700 m.
Orientación ascenso: norte en la subida al Canchal Negro y este en la garganta del Chorrito.

Desnivel descenso: 700 m.
Orientación descenso: este en la bajada hacia la Laguna del Chorrito y norte en la garganta de la Cardosa.

ITINERARIO: Comenzar a foquear desde el aparcamiento de La Covatilla. Siguiendo las balizas de las pistas de esquí, ir ganando altura progresivamente hasta llegar al punto más alto de la estación, el Canchal Negro (2364 m).

Desde allí, iniciar el descenso en dirección noreste hacia un amplio collado situado a 2213 m, en la cabecera de la garganta del Chorrito. En ese punto, girar a la

Los recorridos en Gredos suelen exigir transiciones frecuentes entre el modo descenso y ascenso. Arriba, volviendo del descenso del Chorrito, cerca de la estación de la Covatilla.

derecha, en dirección este, alejándose de las pistas de esquí y comenzando el agradable descenso por la garganta del Chorrito. Normalmente, se puede bajar hasta el amplio rellano en el que se encuentra la Laguna del Chorrito (2030m). Volver a poner las pieles y subir por el mismo itinerario hasta el collado en el que se da vista a la estación de esqui. Allí, girar a la izquierda en dirección suroeste y regresar a la cima del Canchal Negro. Quitar de nuevo las pieles de foca e iniciar el descenso en dirección noroeste por las amplias y suaves laderas de la garganta de la Cardosa.

Durante la bajada, a unos 2050 m de altitud, girar a la derecha para evitar unos resaltes rocosos situados en la zona baja de la garganta y regresar al aparcamiento de la estación.

En el plano de pistas de La Covatilla, la garganta de la Cardosa aparece marcada como pista de esquí natural. Sin embargo, en toda la zona es poco habitual encontrar señalización o balizas que marquen el recorrido.

OTRAS OPCIONES
Garganta de arroyo Lechillo
Desde el Canchal Negro se puede continuar llaneando en dirección suroeste, siguiendo el cordal principal hacia la cumbre del Calvitero, y llegar al collado Bonal (2318 m, X:269833, Y:4467839). En ese punto, girar a la izquierda (sureste) y bajar hasta unas pequeñas lagunillas situadas a unos 2000 m de altitud sobre el lugar conocido como la Barrera de las Corzas. Aunque en el mapa del IGN no aparece el nombre de esta garganta, los bejaranos la conocen como garganta del arroyo Lechillo. Después, será necesario regresar al Canchal Negro siguiendo el mismo itinerario.

MACIZO OCCIDENTAL. CANDELARIO
2. Hoya Moros y el Canchal de la Ceja (2.428 m)
Coordenadas: X:268080 Y:4465119
Se trata de un bonito y fácil itinerario que permite descubrir uno de los rincones más espectaculares de la Sierra de Béjar: el circo formado por las imponentes paredes de los Hermanitos de Hoya Moros y las Agujas, junto a las cumbres del Torreón y el Canchal de la Ceja.

Tipo de ruta: circular
Inicio: aparcamiento de El Travieso. **Altitud:** 1850 m. **GPS:** X:267880 Y:4468504
Dificultad: iniciación. Inclinación máxima de unos 20-25°. En general bajadas anchas con pendientes suaves.
Duración: 5 a 6 h.
Desnivel ascenso: 1100 m.
Orientación ascenso: noroeste en la subida al Canchal de la Ceja desde el aparcamiento y suroeste en la subida a esa misma cumbre desde Hoya Moros.
Desnivel descenso: 1000 m.
Orientación descenso: suroeste en la bajada a Hoya Moros y noroeste en el descenso de regreso al aparcamiento.

Dos momentos del recorrido de la ruta propuesta en estas páginas: a la izquierda en el inicio, cerca del aparcamiento de El Travieso; y abajo, ya de regreso, dejando las paredes rocosas de Hoyamoros detrás.
En una jornada de unas 6 horas sobre las tablas podremos recorrer uno de los rincones más espectaculares del macizo occidental de la sierra de Gredos.

Observaciones: Es importante tener en cuenta que algunas temporadas la carretera de acceso al aparcamiento de El Travieso se encuentra cortada a la altura del refugio-albergue situado a 1.610 m de altitud. En ese caso, hay que prever aproximadamente una hora más de ascenso.

ITINERARIO: Comenzar a foquear en el aparcamiento de El Travieso en dirección sureste, siguiendo una loma de pendiente suave y continua hasta alcanzar el Cordal del Calvitero. Continuar por este cordal en dirección suroeste hasta llegar a su cima (2397 m X:268547 , Y:466535). Desde allí, descender suavemente hasta un amplio collado situado a 2327 m y volver a ascender, hacia el sur, hasta la cumbre del Canchal de la Ceja. En la parte final de la subida es frecuente encontrar nieve muy dura o hielo debido al constante azote del viento sobre esa ladera.

Desde la cima, iniciar el descenso primero en dirección oeste, por la Loma de la Culebrilla y después girar a la izquierda (suroeste) para bajar hasta el cauce del río Cuerpo de Hombre, bajo las verticales paredes de los Hermanitos de Hoya Mo-

ros. Una vez en el agradable circo de Hoya Moros, reponer fuerzas e iniciar el regreso por el mismo itinerario. Dejar la cumbre del Canchal de la Ceja unos cientos de metros a la derecha y dirigirse directamente a la del Calvitero para disfrutar, desde allí, del último descenso hasta el aparcamiento del Travieso.

OTRAS OPCIONES
Ascensión al Torreón
Después del descenso a Hoya Moros se puede subir al Torreón (2400 m) remontando el río Cuerpo de Hombre hasta la base de la pared norte de esta cumbre. Allí, girar a la derecha para alcanzar el cordal que une las cumbres de los Hermanitos con la del Torreón y seguirlo en dirección este hasta la cima. El descenso se realiza siguiendo el mismo itinerario. Este recorrido incluye tramos de mayor inclinación que la ascensión al Canchal de la Ceja y, por tanto, requiere un mayor dominio de las técnicas de esquí de montaña. Prever 2 horas adicionales para esta ascensión.

Descenso por la Dehesa de Candelario
En caso de mal tiempo, mala visibilidad o cualquier otro contratiempo, es posible descender desde el Canchal de la Ceja por la loma de la Culebrilla, en dirección oeste, hasta alcanzar el bosque de la Dehesa de Candelario. Allí se enlaza con una pista de tierra que permite bajar caminando hasta el km. 8 de la carretera que une Candelario con el embalse de Navamuño. Prever 2 horas de descenso de Hoya Moros hasta la carretera.

Garganta de Arroyo Malillo

El Torreón
2.400 m

Hermanitos de Hoya Moros

FOTOS: RAÚL LORA

2

MACIZO OCCIDENTAL. CANDELARIO

3. Travesía de El Travieso a la Laguna del Duque por arroyo Malillo

Se trata de una impresionante travesía por una de las zonas más salvajes y solitarias de la Sierra de Béjar, que permite descubrir los lugares más emblemáticos de este macizo.

Tipo de ruta: travesía lineal
Inicio: aparcamiento de El Travieso (ídem anterior).
Dificultad: experto. Inclinación máxima de unos 35-40°. Zonas con pendientes fuertes en la cabecera de la garganta de arroyo Malillo y en el estrechamiento situado en mitad del descenso.
Duración: 5 a 6 h.

Desnivel ascenso: 600 m.
Orientación ascenso: noroeste
Desnivel descenso: 750 m + 300 a pie.
Orientación descenso: sur en los primeros metros del descenso y después este en toda la garganta de arroyo Malillo.
Cota más elevada: 2.428 m. Cumbre del Canchal de la Ceja. (X:268080, Y:4465119)
Final: aparcamiento de la central hidroeléctrica del Chorro, bajo la Laguna del Duque (1390 m. X:273018, Y: 4465312)
Observaciones: En condiciones normales, es posible esquiar hasta unos 1.700 m en las cercanías de la Laguna del Duque. Desde allí, hay que prever aproximadamente una hora de descenso a pie por un sendero cómodo hasta la central del Chorro.

Conviene no subestimar la dificultad del descenso en los primeros metros desde el Canchal de la Ceja hasta Hoya Malillo, así

La Ceja
2.423 m

El Calvitero
2.397 m

Laguna del Duque

Lagunas del Trampal

El otoño viste de colores los bosques de robles y castaños de la sierra de Béjar. A la derecha, llegando al Calvitero en dirección a La Ceja, con impresionantes vistas. Y abajo, línea del descenso del arroyo Malillo que conduce a la laguna del Duque. Esta ruta es lineal, por lo que tendremos que prever una logística con dos vehículos para poder regresar al punto de partida.

Laguna del Duque

Zonas pendiente fuerte

Descenso desde La Ceja

como en el estrechamiento situado a unos 1.930 m de altitud. En esta zona puede ser necesario el uso de la cuerda para superar un resalte de fuerte pendiente.

ITINERARIO: Seguir el recorrido de ascenso al Canchal de la Ceja descrito en la anterior ruta. Desde la cumbre, comenzar el descenso con precaución en dirección sur-suroeste, evitando las paredes que caen hacia el sur sobre la garganta de arroyo Malillo. Llegar a la cabecera de una empinada canal (2.270 m. X:267599, Y:4464117) bajo la llamada Cumbre de Talamanca y girar a la izquierda (este) para encarar el descenso por ella (máx. 40°) hacia Hoya Malillo.

Disfrutar de los giros en las suaves y amplias pendientes de Hoya Malillo y seguir el cauce de la garganta, que se estrecha progresivamente hasta llegar a un gran bloque empotrado que cierra el paso. En años con acumulaciones normales de nieve, se puede superar este estrechamiento por la derecha (unos 50°). En esta zona habrá que extremar las precauciones, ya que, en caso de caída, acabarías unos 50m más abajo en el cauce del torrente.

Después de superar ese resalte, continuar bajando por una zona bastante estrecha (tubo de arroyo Malillo) siguiendo la garganta hasta alcanzar las suaves laderas que conducen a la laguna del Duque. Allí probablemente sea necesario descalzarse los esquís y rodear la laguna a pie por el sendero hasta la presa. Continuar unos 20 minutos más por el sendero hasta la central hidroeléctrica. En este punto, será necesario otro vehículo para el regreso al aparcamiento de El Travieso.

OTRAS OPCIONES
Lagunas del Trampal

Seguir el itinerario de ascenso descrito en el Canchal de la Ceja y Hoya Moros hasta llegar a la cima del Calvitero. Comenzar el descenso siguiendo el cordal hasta el collado situado a 2.327 m. Allí, girar a la izquierda (este) para encarar el descenso hacia las Lagunas del Trampal. Pasar por todas las lagunas hasta llegar a la más grande, situada a unos 2020m de altitud. En este punto, normalmente hay que volver a poner las pieles de foca para iniciar el regreso al Calvitero.

Este descenso es bastante más suave que el de la garganta de arroyo Malillo, pero normalmente no hay suficiente nieve para continuar esquiando por debajo de las Lagunas del Trampal. Por ello, no queda más remedio que regresar por el mismo itinerario hasta El Travieso.

4. El Alto de Castilfrío, las Azagayas y el Alto del Corral del Diablo

Este recorrido presenta la dificultad del acceso por la pista de tierra que lleva hacia el Collado de las Chorreras, o la que conduce al refugio de Anselmo, pero los descensos justifican incluirlo en esta selección.

Tipo de ruta: circular

Inicio: para llegar al circo de la laguna del Barco o de Galin Gómez existen dos opciones y ninguna es cómoda. La más popular es dejar el coche en Puerto Umbrías y, caminando o en bicicleta, subir hasta el refugio de Anselmo. Desde allí, es posible que aún haya que caminar unos minutos para

alcanzar la nieve. Si se dispone de un vehículo todoterreno, la otra opción es subir por la pista que comienza en el punto kilométrico 349,500 de la carretera que va de El Barco de Ávila hacia el puerto de Tornavacas, poco después de pasar el pueblo de Puerto Castilla. La pista llega a más de 2000 m de altitud, pero lo más frecuente es tener que dejar el coche a 1.900 m porque algún nevero impida el paso.

Es conveniente estudiarse previamente el acceso por la pista ya que, aunque puede identificarse con programas como Google Earth, no aparece en los mapas en papel de la zona. GPS del Collado de las Chorreras: X: 276554, Y: 4458574

Dificultad: avanzado/experto. Inclinación máxima de unos 35/40° en el comienzo del descenso hacía la Laguna del Barco.

Duración: 5 a 6 h.

Desnivel ascenso: 900 m.

Orientación ascenso: norte en la subida al Alto de Castilfrío y a las Azagayas desde La Laguna del Barco. Si esquiamos hacia la casa de la Angostura el regreso al Alto de Castilfrío tiene orientación suroeste.

Desnivel descenso: 900 m.

Orientación descenso: norte en la bajada desde la zona de las Azagayas hacia la Laguna del Barco y en el regreso desde el Alto de Castilfrío. Suroeste si optamos por el descenso desde el Alto de Castilfrío hacia la casa de la Angostura.

Cota más elevada: 2.345 m. Collado de inicio del descenso entre la Portilla Honda y Las Azagayas. Coordenadas: X: 277805, Y: 4455053

Observaciones: El descenso del Alto de Castilfrío hacia la casa de la Angostura no se puede considerar de iniciación, pero es sen-

A la izquierda, subiendo al Mosquito con el Corral Diablo al fondo. Abajo, ruta de ascenso y descenso al Alto de Castilfrío, que nos exige un buen nivel de esquí, además de nieve abundante.

La Azagaya
2.367 m

Alto de
Castilfrío
2.308 m

Mojón Alto
2.164 m

4

La Covacha
2.395 m

La Azagaya
2.367 m

a la Laguna
del Barco

4

FOTOS: RAÚL LORA

cillo, de pendientes suaves y poco expuesto a caídas peligrosas. Sin embargo, el descenso desde la zona de las Azagayas hacia la laguna del Barco incluye pendientes fuertes (unos 40°) y, en caso de caída, las consecuencias podrían ser graves.

ITINERARIO: Desde el Collado de las Chorreras, bajar siguiendo el cordal hasta el collado del Cardiel (1962 m). Si no lo hemos hecho ya, es probable que allí nos podamos poner los esquís para continuar foqueando hasta el Mojón Alto (2164 m). Seguir el cordal en dirección norte hacia el Alto de Castilfrío (2308 m). Atención a los últimos metros de la ascensión, donde la nieve suele estar más venteada y, a veces, quedan al descubierto placas de hielo.

Desde la cima del Alto de Castilfrío, hay dos alternativas:

Opción A: Bajar unos metros en dirección sureste y girar al suroeste (derecha) para comenzar el amable descenso hacia las dehesas y la casa de la Angostura (1.754 m, X: 275801, Y: 4455649). Por su orientación, este descenso requiere una buena cantidad de precipitaciones durante el invierno para poder disfrutar de él en primavera.

Opción B: Continuar por el cordal en dirección sureste y, con los esquís en la mochila, pasar por la Portilla Honda hacia las Azagayas. Antes de llegar a la cumbre principal de Las Azagayas, elegir el mejor punto, en función de la cantidad de nieve, para comenzar el descenso hacia la Laguna del Barco (1.790 m). Por su lejanía, soledad y ambiente, este es uno de los mejores descensos de la Sierra de Gredos, pero requiere un buen nivel de esquí y dominio de las técnicas de alpinismo.

En ambos casos, el regreso al Alto de Castilfrío se hace siguiendo el itinerario elegido para el descenso. Desde allí, regresar al coche siguiendo el mismo camino descrito para el ascenso a esta cima.

OTRAS OPCIONES
Alto del Corral del Diablo
Uno de los descensos más bonitos de toda la sierra de Gredos, pero poco frecuentado por las dificultades de su acceso. Desde el desagüe de la laguna del Barco, remontar la ladera en dirección este hacia el Pico del Mosquito (2.249 m). Rodear la cima por el sur o, desde ella, hacer un descenso hasta el rellano situado bajo el Alto del Corral del Diablo. Continuar foqueando hacia el sureste hasta el collado entre el Cerrojillo y el Alto del Corral del Diablo y desde allí, alcanzar la cima. // **Raúl LORA**

RAÚL LORA

«Nada supera el ambiente salvaje y genuino de Gredos»

Autor de la propuesta de rutas que aparece en las páginas anteriores, aprovechamos la ocasión para entrevistar a este entusiasta y experimentado esquiador, escalador, montañero y divulgador, que ha hecho de esta sierra su hogar y el escenario principal de su trabajo como guía de montaña.

ADEMÁS de sus numerosas aportaciones a esta sierra —con la apertura de nuevas vías en roca, hielo, mixto y esquí de travesía—, Raúl Lora ha dedicado incontables horas a divulgar sus valores y posibilidades. Fruto de ese esfuerzo son guías como Esquí Gredos o el más reciente Gredos. Escaladas en hielo, nieve y mixto (junto a Santi Callejo), además de las dedicadas a la escalada en roca: Gredos. Escalada deportiva, Crestas Gredos y Sierra de Gredos. Guía de escalada, todas publicadas por la editorial Desnivel.

Promotor y figura principal de la Escuela Alpina de Gredos, Raúl también preside la Asociación Española de Guías de Montaña (AEGM) y aún encuentra tiempo para disfrutar de su familia y criar, junto a su pareja, a

ÁNGEL PABLO CORRAL

sus dos hijas —Lucía y Aitana— a los pies de las montañas que forman parte su vida.

¿Por qué decidiste asentarte en Gredos?

Mi relación con Gredos comenzó de la mano de mi familia cuando era un niño. Con unos 9 o 10 años visité por primera vez estas montañas y seguí haciéndolo frecuentemente. Después, cuando acabé mi formación como guía de alta montaña, trabajé varios veranos en los Alpes y fui el responsable técnico de la formación de los guías de montaña en la escuela aragonesa de Benasque. A partir de 2010, cuando comencé a sentir la necesidad de asentarme en alguna zona de montaña, tuve que decidir entre Benasque —allí tenía un trabajo

estable como jefe de estudios de la Escuela—, Chamonix —donde ya había pasado varios veranos trabajando—, o las montañas a las que me sentía más apegado: la sierra de Gredos.

Finalmente, ni la estabilidad laboral que me ofrecía Benasque, ni la visión idealizada del trabajo como guía en los Alpes, superaron al ambiente solitario, salvaje y genuino de las gargantas de Gredos. Aquí no tenemos montañas icónicas como las glamurosas cimas alpinas pero, sin embargo, podemos disfrutar de multitud de rincones idílicos, sin masificación y con unas condiciones magníficas para el alpinismo, la escalada y, algunos inviernos, también el esquí de montaña.

¿Cómo es el trabajo de guía de montaña en esta zona?

Muy gratificante. Me he especializado en la enseñanza de las técnicas del alpinismo y la escalada y disfruto mucho viendo cómo progresan mis alumnos en un entorno privilegiado para la formación. Por otro lado, la búsqueda de los mejores escenarios para mis cursos me ha permitido conocer prácticamente todos los rincones de la sierra, estableciendo un vínculo con ella de verdadero guía local que trabaja, reside y disfruta a diario de sus montañas.

¿Cambia mucho la afluencia de gente en verano y en invierno?

Más bien cambia el perfil de la gente que viene en una época y en otra. En invierno hay más visitantes que ya tienen experiencia en actividades de montaña y quieren realizar alguna ascensión o escalada más técnica y en verano predominan familias o pequeños grupos que vienen a Gredos a pasar sus vacaciones y aprovechan para tomar contacto con la montaña.

¿Cuáles son las actividades que más te suelen demandar los clientes en invierno?

El tipo de actividad más demandada son los cursos de alpinismo y escalada en hielo y, quizás por mis años de trayectoria profesional, tengo un buen número de clientes experimentados con los que suelo hacer escaladas en hielo, nieve y mixto interesantes, equiparables en dificultad y calidad a las de otras cordilleras con más renombre pero, sin embargo, mucho menos mediáticas.

Crees que, dada su cercanía a Madrid y su baja altitud, ¿los montañeros tienden a subestimar el riesgo en esta sierra?

Creo que la gente cada vez es más consciente de los riesgos propios de la alta montaña invernal y, por ello, cada vez se contratan más guías para realizar ciertas ascensiones y escaladas. Sin embargo, la facilidad de acceso a la alta montaña que ofrece la Sierra de Gredos hace que todos los inviernos algunos se vean sorprendidos por la meteorología o las dificultades técnicas y sufran accidentes de notable gravedad.

¿Qué es lo que más y lo que menos te gusta del esquí de montaña en Gredos?

Lo que menos me gusta lo tengo muy claro: que las condiciones verdaderamente buenas solo lleguen cada 6 a 8 años. Lo que más aprecio es la soledad y la tranquilidad de algunos de los lugares a los que suelo ir a esquiar -como el Alto del Corral del Diablo, o las Lagunas del Trampal- y la excepcional calidad de la nieve primavera que te hace disfrutar de cada giro.

¿Tienes alguna ruta de skimo favorita?

Me resulta muy difícil quedarme con una sola ruta pero desde luego una de mis zonas preferidas es el circo de la Laguna del Barco o Galín Gómez y los descensos desde la Covacha y las Azagayas, que pueden ha-

Raúl en su "oficina" principal, la sierra de Gredos, a la que acude tanto a esquiar como a escalar por sus corredores o cascadas de hielo en invierno.

pronto tengamos unas condiciones magníficas de hielo, como dos días después la lluvia lo ha hecho desaparecer y una semana más tarde recibimos con agrado una copiosa nevada.

Sin embargo, más allá de la climatología la respuesta se torna mucho más compleja. No en vano, la mayor parte de la Sierra de Gredos se encuentra dentro de la Comunidad Autónoma de Castilla y León donde unas veces para bien y otras para regular, cuesta mucho cambiar cualquier pieza de un arraigado funcionamiento social y económico. En relación con esto, mi respuesta iría más enfocada a lo que, por desgracia, no ha cambiado. Igual que hace 30 años seguimos pudiendo presumir de tener la red de infraestructuras para el turismo de montaña más pequeña y peor conservada de todos los macizos de la Península. El transporte público, las carreteras y pistas forestales y especialmente los refugios hablan por sí mismos. Me espantaría que construyesen un teleférico u otro refugio guardado, creo que no hay lugar para ello en Gredos. Sin embargo, adecentar y modernizar los que ya existen, facilitar otros puntos de acceso a la Sierra o mejorar el transporte público son necesidades imperiosas si no queremos que los pueblos de la Sierra pasen de "vaciados" a "arrasados".

Eva MARTOS

cerse hasta bien entrado abril incluso en años con escasez de nieve. Como referencia, la temporada pasada esquiamos allí a finales de mayo.

En los últimos años has abierto bastantes vías también en hielo, ¿sabes cuántas habéis abierto? ¿Y cuál recuerdas más especialmente?

La verdad es que no llevo la cuenta exacta de las vías invernales que he abierto, pero deben rondar las 200 aproximadamente. Nunca presumo del número de aperturas porque, sinceramente, me parece algo ridículo. Sin embargo, en mi caso, dan una muestra fiel de esa relación tan intensa que he mantenido durante décadas con unas montañas de las que, tanto por gusto como por obligación, formo parte.

Tengo recuerdos muy agradables de unas cuantas vías pero quizás la apertura -junto a Santi Callejo- de Rayona, en el Almanzor, fue uno de esos días mágicos que te quedan

grabados en el cerebro para siempre. Tuvimos la suerte de disfrutar de un Circo de Gredos de otra época: solitario y engalanado por la gran nevada. Cubiertos por la niebla durante horas y bajo la persistente nevada, alcanzamos el premio de una cumbre sin viento en la que las nubes finalmente se disiparon y nos permitieron contemplar un magnífico escenario difícil de describir con palabras. Son esos momentos en los que te sientes privilegiado por vivir y trabajar en un entorno en el que las montañas mantienen su esencia original, en las que puedes disfrutar del olor a piorno y el borboteo de las gargantas en primavera o del silencio invernal sin teleféricos, ni gentío.

En los años que llevas viviendo por la zona, ¿cuáles son los cambios más significativos que has visto, en relación con los deportes de montaña?

Si me centro únicamente en lo que tiene que ver con la climatolo-

gía, lo cierto es que me faltan datos para hacer una valoración objetiva más allá de los últimos 25 años, que es el periodo del que yo tengo referencias. Aun así, me atreveré a decir que el aumento de la temperatura media ha hecho que las condiciones sean aún más cambiantes y que, tan

ESQUÍ GREDOS
Por Raúl Lora. Ed. Desnivel, 2017. 88 pag, 16,5 cm x 22 cm, 17 €.

RAÚL LORA

ESQUÍ GREDOS

Desnivel

Encontrarás más información y otras propuestas sobre los itinerarios de esquí de montaña más recomendables de la Sierra de Gredos, englobando las zonas del Macizo Central (del Puerto del Pico al de Tornavacas) y del Occidental (del Puerto de Tornavacas al de Béjar). Encontrarás las mejores rutas de ascenso a cada cima y, por supuesto, los descensos en los que el esquiador podrá disfrutar de la agradable «nieve primavera» gredense.

Hy 11 Free - Hy 13 Free

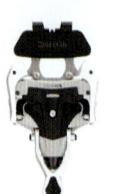

El universo freeride desbloqueado por la ligereza. La fijación Hy combina un bajo peso y facilidad de uso con un rendimiento y seguridad en descenso propio de las fijaciones alpinas, ofreciendo máxima respuesta y precisión en la transmisión de potencia. Gracias a una ingeniería meticulosa, alcanzan un peso de solo 675 g. Mecanizadas en aluminio macizo, sus 22 piezas estructurales (por cada medio par) se han diseñado con la máxima precisión para lograr una fijación tan eficaz en el descenso como ágil y divertida en el ascenso. Una solución integral para quienes buscan libertad total entre freeride y esquí de travesía.

Materiales: Alu 7075, POM, Stainless Steel.
Walking modes: -18mm I +10mm I +42mm.
Medidas frenos: 97mm I 108mm I 120mm.
Ajuste medida bota: 25 mm. **Peso:** 674 g. **PVPR:** 799 €
www.montanayesqui.com

Timepacer 12

Bienvenidos al nuevo universo del esquí de travesía con la fijación Timepacer, la opción perfecta para esquiadores que buscan fiabilidad y alto rendimiento para sus esquís de entrenamiento. Ligera para no penalizar el ascenso, pero diseñada para ofrecer diversión y precisión en el descenso gracias a sus avanzadas prestaciones técnicas. Su exclusivo Speed Toe Piece, el freno de esquí inspirado en la competición y la base del talón específica, hacen de la Timepacer 12 la elección ideal para tus jornadas de pista o montaña, combinando peso mínimo con el máximo rendimiento en cada salida.

Materiales: Alu 7075, POM, Stainless Steel.
Walking modes: Flat I+27mm I +44m.
Medidas frenos: 80mm I 86mm I 91mm I 97mm.
Ajuste medida bota: 30 mm. **Peso:** 250 g. **PVPR:** 499 €
www.montanayesqui.com

Raider 13 EVO

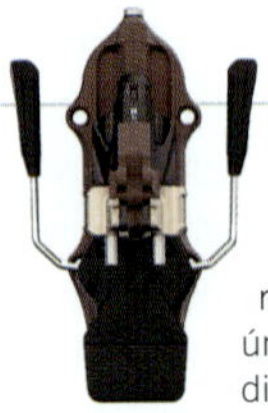

La Raider 13 EVO es una fijación Free Touring creada para esquiadores que buscan innovación, seguridad y un rendimiento en descenso verdaderamente revolucionario. Dotada de características y funcionalidades únicas, ofrece un control absoluto y una sensación de diversión sin límites en todo tipo de terreno. Con solo 370 g, incorpora ocho sistemas patentados que muestran sin reparos el ADN de ATK: ingeniería de precisión, máxima funcionalidad y el equilibrio perfecto entre ligereza y potencia en el descenso.

Materiales: Alu 7075, POM, Stainless Steel.
Walking modes: Flat I+26mm I +47.5mm.
Medidas frenos: 86mm I 91mm I 97mm I102mm I 108mm I 120mm. **Ajuste medida bota:** 25 mm. **Peso:** 370 g. **PVPR:** 649 €
www.montanayesqui.com

Crest 10

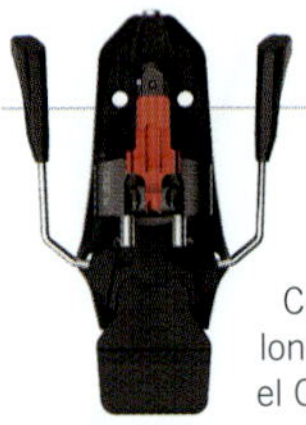

Rendimiento y fiabilidad en cada ascenso, la Crest 10 es una fijación de ski touring que combina prestaciones sólidas y una excelente relación peso-rendimiento. Con solo 295 g, ofrece valores de liberación de 4 a10, ajuste longitudinal de 20 mm y sistemas patentados como el Cam Release System y el Elastic Response System, que garantizan un enganche suave, liberaciones precisas y máxima eficacia en todo tipo de terreno. Ligera, resistente y versátil, la Crest 10 es la compañera ideal para tus próximas aventuras en la montaña.

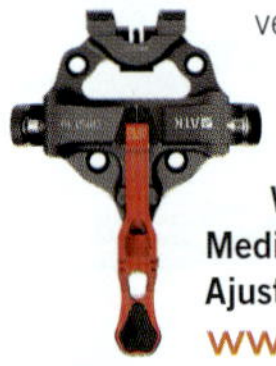

Materiales: Alu 7075, POM, Stainless Steel.
Walking modes: Flat I+27mm I +46mm.
Medidas frenos: 86mm I 91mm I 97mm I 102mm.
Ajuste medida bota: 20 mm. **Peso:** 295 g. **PVPR:** 449 €
www.montanayesqui.com

ATKBINDINGS

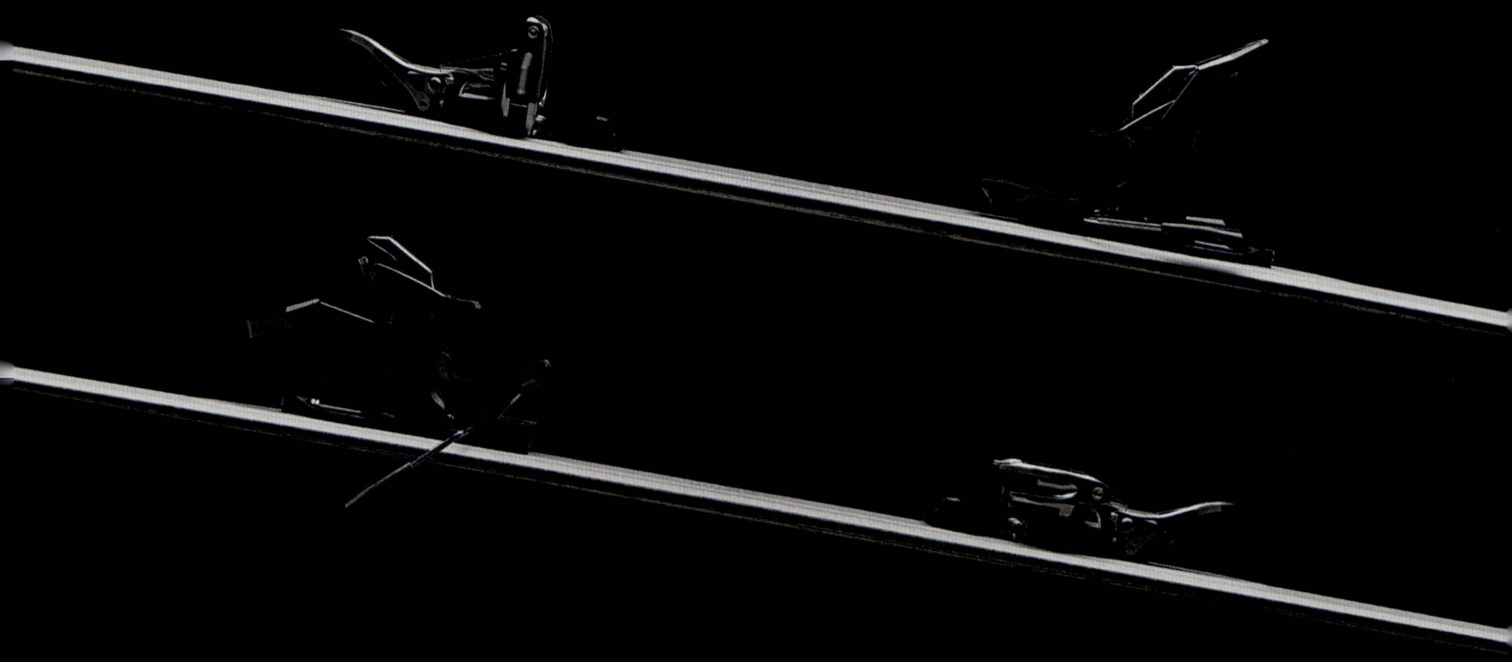

HY FREE
LA FIJACIÓN HÍBRIDA QUE SUPERA
EL DESAFÍO DE LA LIGEREZA

Descubre todas sus características en atkbindings.com

DESCUBRE MÁS

Bastones Traverse Ski

Los bastones Traverse de Black Diamond son un clásico del esquí de travesía, diseñados para rendir al máximo en todas las aventuras fuera de pista. Fabricados en aluminio resistente, combinan durabilidad y ligereza para acompañarte durante muchas temporadas. Incorporan el sistema de ajuste FlickLock, que permite regular la longitud de forma rápida y segura. Su nuevo diseño de empuñadura, más ergonómico y cómodo, garantiza un agarre firme incluso en las condiciones más exigentes.

PVPR: 70 €.
www.blackdiamondequipment.com

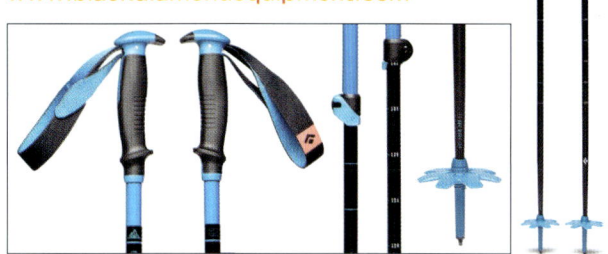

Distance 1500

Pensado para las ascensiones nocturnas y las jornadas más exigentes, el frontal Distance 1500 marca un nuevo nivel de tecnología en iluminación. Potente y ligero, su sistema PowerTap™ permite aumentar la potencia hasta los 1500 lúmenes con un solo toque. Su lente multifacética proporciona una luz constante y uniforme, sin sombras ni destellos. La batería magnética intercambiable proporciona autonomía para toda la noche a potencia media. El diseño Comfort Cradle™ garantiza un ajuste estable y cómodo durante horas gracias a su acolchado integrado.

PVPR: 200 €.
www.blackdiamondequipment.com

Helio Tour

Los Helio Tour son unos guantes 3 en 1 diseñados para ofrecer versatilidad y protección total en cualquier aventura invernal. Su sistema modular permite adaptarse a distintas condiciones: el guante interior, de softshell, puede usarse solo en días templados o durante las subidas; y el guante exterior, también de softshell, incorpora piel de cabra. Los dedos son compatibles con pantallas táctiles.
Cuando el frío aprieta o sopla el viento, basta con desplegar la manopla aislante e impermeable, que se guarda fácilmente en la muñeca. Su diseño multifuncional y fácil de secar convierte a los Helio Tour en una opción ideal para travesías, rutas de varios días o cualquier jornada intensa en la nieve.

PVPR: 140 €. www.blackdiamondequipment.com

Cirque

Pensados para el esquí de montaña más exigente, los guantes Cirque combinan protección y transpirabilidad en ascensos intensos y descensos fríos. Su tejido con acabado Empel DWR ofrece una impermeabilidad de alto nivel, mientras que el aislamiento Primaloft Active (40 g) en la capa cortaviento aporta el calor justo sin sobrecalentar. La palma de piel de cabra, con refuerzos antideslizantes, garantiza un agarre firme tanto en la subida como en la bajada.

PVPR: 90 €.
www.blackdiamondequipment.com

Cirque 25L

La Black Diamond Cirque 25 es la mochila de esquí más ligera y técnica de la marca, pensada para quienes buscan máximo rendimiento con el mínimo peso. Con sus 25 litros de capacidad, ofrece todo lo necesario para afrontar las líneas más exigentes. Su diseño minimalista pero funcional, cuenta con un cierre superior enrollable, un bolsillo exterior para el material de seguridad y un compartimento lateral de acceso rápido para las pieles o los crampones. Su sistema diagonal de porte de esquís permite colocarlos y quitarlos sin detenerte, y las hombreras acolchadas garantizan una carga cómoda. Además, el sistema PickPocket de despliegue rápido permite llevar los piolets o las herramientas siempre a mano.

PVPR: 170 €. www.blackdiamondequipment.com

Couloir

Diseñado para el esquí de montaña más técnico, el arnés Couloir combina ligereza, funcionalidad y seguridad. Es un arnés completo, ultraligero y plegable, ideal para llevar en la mochila o en el bolsillo de la chaqueta. Su cinta Dynex de perfil bajo y transpirable garantiza resistencia sin peso extra, mientras que la hebilla rápida y las perneras tipo "pañal" permiten ponérselo o quitárselo con los esquís o crampones puestos. Incluye el sistema Infinity Loop para un aseguramiento más cómodo y duradero, además de portamateriales y ranuras para tornillos de hielo: todo lo esencial, en el mínimo espacio.

PVPR: 80 €. www.blackdiamondequipment.com

Corsa Alpine

El Corsa Alpine combina un mango de aluminio superligero con una cabeza de acero que garantiza un buen rendimiento incluso en terrenos técnicos. Es, por tanto, ideal para travesías de montañismo y esquí de montaña en las que se prioriza la ligereza y la rapidez sin renunciar a la funcionalidad. La curvatura del mango, junto con la hoja progresiva del extremo, optimiza la eficacia en los pasos más empinados sin reducir el apoyo, que se ve mejorado por la punta minimalista de acero. La tecnicidad de la herramienta puede aumentarse con el apoyo Trigger Fast Lock (disponible por separado). La ranura integrada en la cabeza, entre la pala y el mango, permite fijar la Dragonera Corsa (disponible por separado).

Longitud: 45 cm (peso: 250 g), 55 cm (peso: 275 g), 65 cm (peso: 300 g). **PVPR:** 104,95 €. **www.camp.it**

X-All Mountain

El X-All Mountain es el piolet técnico ideal para grandes vías de alpinismo de dificultad, diseñado para garantizar el mejor rendimiento en todas las situaciones que presentan estas escaladas. El diseño y el equilibrio están optimizados para un rendimiento sin precedentes en hielo vertical. La cabeza permite cambiar fácilmente de la configuración con pala a la configuración con martillo (y viceversa) o utilizar la herramienta sin accesorios para una mayor ligereza. La empuñadura es totalmente personalizable y adaptable al tamaño de las manos del alpinista y al tipo de terreno al que se enfrenta. El regatón de acero permite que la herramienta se utilice también como apoyo y tiene un orificio apto para mosquetones.

PVPR: 199,95 €. **www.camp.it**

X-Dream Total Dry

El X-Dream Total Dry es la nueva herramienta de referencia para el dry tooling y la competición, con un rendimiento aún mayor que el X-Dream clásico. La diferencia la marcan la hoja Total Dry 2.0 y la empuñadura Total Dry de serie. La hoja, caracterizada por un diseño particularmente agresivo, garantiza una dureza y robustez extremas gracias a su fabricación en acero balístico Armox Advance, que puede superar los 60 HRC de dureza con una tenacidad inigualable. La empuñadura presenta un diseño alargado para maximizar el espacio interior optimizando los cambios de mano y alcanzar las presas más alejadas. Además, se fija en un ángulo ideal para ganchos y tracciones en roca y estructuras artificiales.La herramienta es totalmente modular, con la posibilidad de sustituir la hoja Total Dry 2.0 por todas las demás de la serie X-Dream (Omni, Ice y Hard Mixte) y la empuñadura Total Dry por la estándar, diseñada para escalada en hielo y mixto (todo disponible por separado).

Peso: 585 g. **PVPR:** 284,95 €. **www.camp.it**

X-Dream

X-Dream: el nombre perfecto para la herramienta que cumple el sueño de tener dos piolets en uno, con todas las prestaciones para hielo, mixto, alpinismo técnico y dry tooling. Una polivalencia garantizada por las 4 hojas intercambiables (Omni de serie; Ice, Hard Mixte y Total Dry 2.0 disponibles por separado) de tipo 2 (CE) y por la innovadora empuñadura con inclinación variable, que garantiza el mejor agarre para manos de cualquier tamaño. Un simple tornillo Allen permite variar la inclinación de la empuñadura y de la hoja con respecto a la vertical, para pasar de la configuración Ice a Dry y viceversa. La configuración Ice, con ángulos de 48° y 100°, asegura una progresión más natural y una extraordinaria penetración, mientras que la configuración Dry, con ángulos de 60° y 105°, ofrece una mayor tracción hacia abajo- La innovadora aplicación modular X-Finger Evo permite una personalización extrema del agarre en el dedo índice.

Peso: 595 g. **PVPR:** 284,95 €. **www.camp.it**

Ikon

Casco de nueva generación que combina la protección y robustez de los modelos rígidos con la ligereza y ventilación de los moldeados. La carcasa de ABS es excepcionalmente resistente, con una estructura de nervaduras 3D en las aberturas de ventilación alveolares, lo que incrementa su robustez. El casquete interior de EPP con parte superior de EPS se extiende por toda la superficie del casquete exterior. El sistema de ajuste, con una rueda que puede accionarse con una sola mano, es basculante. Soporte para frontal con 2 clips delanteros y una banda elástica trasera.

Tallas: 48-58 cm (peso: 280 g). 57-63 cm (295 g). **PVPR:** 64,95 €. **www.camp.it**

Photon Lock Janja

Mosquetón de rosca ideal para reuniones en alpinismo y escalada deportiva. Muy versátil gracias a sus dimensiones full-size, tiene una construcción de doble nervadura que garantiza una excepcional relación resistencia/peso y una gran superficie de deslizamiento de las cuerdas. La nariz con la geometría SphereLock optimiza el juego palanca-mosquetón para una máxima seguridad.

Peso: 43 g. **Resistencia:** 23 kN (eje mayor), 8 kN (eje menor), 9 kN (gatillo abierto). **PVPR:** 13,50 €. **www.camp.it**

Photon Express KS Janja

Photon Express KS Janja es la cinta exprés diseñada para escaladas a vista, cuando cada gramo y cada segundo puede marcar la diferencia. Photon garantiza mosqueteos muy rápidos y sin problemas y se caracteriza por la nariz con geometría SphereLock que optimiza el juego gatillo-mosquetón para mayor seguridad. La funcionalidad de la cinta exprés aumenta gracias a la cinta estrecha de 25 mm, disponible en dos longitudes (12 y 18 cm), que ofrece un excelente agarre cuando se trabajan las vías. El conector inferior se mantiene en su lugar gracias al Karstop Evo integrado.

Peso: 91 g (12cm). **Resistencia:** 22 kN (eje mayor), 7 kN (eje menor), 9 kN (gatillo abierto). **PVPR:** 20,95 € (12 cm) y 21,95 € (18 cm). **www.camp.it**

Energy Janja

Energy Janja es un arnés muy cómodo y ligero, ideal para la escalada en roca a todos los niveles. Gracias a su diseño esencial, es una excelente elección para todas las disciplinas, desde escalada en rocódromo a deportiva y tradicional. Su interior termoformado permite un ajuste perfecto al cuerpo del cinturón y de las perneras. Las perneras fijas garantizan un calce perfecto. Está equipado con 4 anillos portamaterial y un anillo trasero. Cada arnés Energy Janja es ligeramente diferente en su acabado final en cuanto a cómo se aplica el gradiente de color en la fase de producción. Esto refleja la singularidad de Janja, que conecta con la personalidad y el estilo de cada escalador.

Tallas: XS-XL. **Peso:** 305 g (talla M). **PVPR:** 47,95 €. **www.camp.it**

Wave®Alpha

Desde 1998, la Leatherman Wave® ha marcado la pauta en rendimiento y utilidad diaria de las multiherramientas. El pasado octubre se lanzó la Wave Alpha® creando un nuevo estándar: diseñada con materiales de primera calidad, ergonomía refinada y un conjunto de herramientas mejorado. La nueva hoja de la navaja presenta un borde de acero MagnaCut resistente a la corrosión y una muesca suave para el pulgar para una fácil apertura con una mano. Las escalas G10 mecanizadas dan un agarre seguro y cómodo. Sus tijeras rediseñadas ahora ofrecen una mayor superficie de corte. Disponible en tres colores: Naranja, verde bosque y negro.

Materiales: MagnaCut, G10, recubrimiento PVD, Acero inoxidable, Óxido negro.
Peso: 243,3 g.
Longitud cerrada: 10,26 cm.
Longitud abierta: 15,87 cm.
Longitud de la hoja: 7,34 cm.
PVPR: 249 €
www.leatherman.com

ARC® Talos

La ARC® fue la primera multiherramienta en tener una navaja de acero MagnaCut que combina la mejor retención del filo, robustez de la hoja y resistencia a la corrosión. Ahora llega en un nuevo color bronce. Cuenta con 20 herramientas, clip de bolsillo extraíble, funda de nylon con cuatro bolsillos, 8 puntas de doble filo y una garantía de 25 años. Tiene recubrimiento DLC e utiliza imanes para que sus herramientas se abran con una sola mano. La ARC® establece el estándar actual y futuro de las multiherramientas más premium del mercado.

Materiales: MagnaCut, Cerakote®, recubrimiento PVD, Acero inoxidable.
Peso: 243.8 g.
Longitud de la hoja: 7.02 cm.
Longitud de la herramienta cerrada: 10.78 cm.
PVPR: 299 €
www.leatherman.com

Bit Kit colors

Expande la capacidad de tu Leatherman nuestros nuevos kit de puntas, ahora con 6 combinaciones de puntas diferentes adaptados a cada necesidad. Están diseñado para equipar tu multiherramienta con un rango más amplio de tareas, este kit compacto mejora tu preparación sin añadir volumen. Cada kit está disponible en diversos colores y está pensado para personalizarse y acoplarse fácilmente a tu multiherramienta y accesorios. Las puntas dobles de acero son de alta calidad y te preparan para cualquier situación. Compatible con todas las herramientas y accesorios Leatherman que cuenten con un portapuntas.

Materiales: Recubrimiento de fosfato negro, acero S2. **Peso:** 45,36 g.
Ancho: 3,51 cm. **Altura:** 10,1 cm. **Profundidad:** 0,63 cm. **PVPR:** 20-25 €
www.leatherman.com

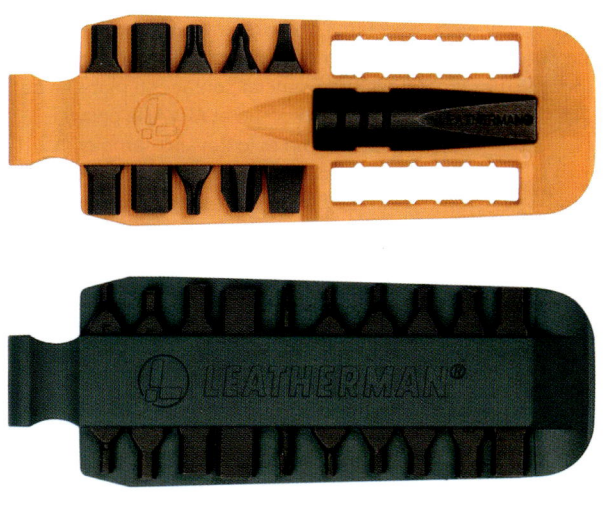

Raptor® Rescue

La Leatherman Raptor Rescue es una tijera plegable diseñada para profesionales de emergencias médicas y rescate. Fabricada en acero inoxidable 420HC, combina resistencia, precisión y durabilidad. Su diseño incluye tijeras, cortador de cinturones de seguridad, cortador de anillos, llave para tanques de oxígeno (USA), rompevidrios de carburo y clip de bolsillo. Se plieaga fácilmente y viene con una funda tipo holster. Su estructura de nylon reforzado con fibra de vidrio da ligereza y resistencia al uso intensivo. Es ideal para paramédicos, bomberos, policías y personal de rescate que requieren una herramienta confiable y versátil en situaciones críticas.

Materiales: Acero inoxidable 420HC, nylon con relleno de vidrio, carburo.
Peso: 164 g. **Longitud cerrada:** 12,7 cm. **Longitud abierta:** 20,3 cm. **PVPR:** 109 €
www.leatherman.com

Blacklight Pro Ski

Esquí de montaña diseñado para quienes buscan ligereza, velocidad y precisión, que combina elegancia y rendimiento extremo. Su núcleo Race Core de paulonia y la estructura de carbono UD (unidireccional) ofrecen gran resistencia, durabilidad y una distribución de peso optimizada. La construcción 3D reduce el peso oscilante, proporcionando estabilidad y control en el ascenso y descenso. El diseño del rocker y el sidecut adaptado a cada longitud mantiene una proporción constante en los cantos, garantizando un comportamiento uniforme. Los laterales ABS aseguran una excelente transmisión de fuerza y el acabado especial del recubrimiento mejora el deslizamiento. Incluye el innovador sistema PIN SKIN, que permite fijar las pieles con un pasador integrado, ahorrando tiempo y peso.

Peso: 910 g (165cm). **PVPR:** 900 €. **www.dynafit.com**

Blacklight 24

La mochila Blacklight 24 está diseñada para esquiadores de travesía que buscan ligereza, funcionalidad y rapidez. Su tejido ultraligero Gridstop combina fibras de polietileno ultraresistentes dispuestas en ambas direcciones, ofreciendo gran resistencia a desgarros y cortes. Con un diseño eficiente y bien estructurado, permite organizar el equipo de forma óptima: incluye un amplio compartimento principal, secciones separadas para pala y sonda, y un bolsillo independiente para los crampones, protegiendo y manteniendo todo al alcance. El sistema de fijación rápida de esquís facilita los tramos de ascenso a pie, mientras que el sistema de transporte transpirable garantiza comodidad incluso en esfuerzos prolongados.

Peso: 700 g. **PVPR:** 160 €. **www.dynafit.com**

Blacklight Boot

Bota de esquí de montaña diseñada para quienes buscan máxima velocidad y rendimiento tanto en el ascenso como en el descenso. Destaca por su ligereza y por permitir una amplia rotación del cuello (12º-15º), lo que la convierte en la compañera ideal para travesías largas y terrenos exigentes. En lugar de la clásica lengüeta, incorpora una polaina técnica innovadora que protege del frío y del viento, asegurando un ajuste perfecto. En el descenso, el sistema patentado Hoji Lock demuestra su eficacia al unir completamente la carcasa y el botín, creando una estructura rígida y estable sin holguras. Esta integración garantiza una transmisión de potencia óptima, ofreciendo a los esquiadores el equilibrio ideal entre ligereza, protección y control en todo tipo de condiciones.

Peso: 1140 g. **PVPR:** 390 €. **www.dynafit.com**

Blacklight Primaloft

Chaqueta ligera, cálida y transpirable, ideal para actividades intensas en la montaña. Su aislamiento Primaloft® de 60 g proporciona un calor óptimo incluso en condiciones de humedad, siendo una excelente alternativa al plumón. El tejido suave y transpirable, junto con las inserciones en las axilas, permite una regulación eficaz de la temperatura corporal y una total libertad de movimientos. Ocupa poco espacio en la mochila y puede usarse tanto como capa exterior en condiciones suaves como debajo de una chaqueta impermeable en climas más fríos. Funcional y versátil, está pensada para deportistas que buscan rendimiento y comodidad sin renunciar a la protección térmica.

Peso: 451 g. **PVPR:** 260 € **www.dynafit.com**

El equipo de esquí de montaña como conjunto integral

El equipo de esquí de montaña, o esquí de travesía, debe concebirse como un conjunto integral, donde cada componente se relaciona y complementa con los demás para garantizar tanto el rendimiento como la seguridad. Por ejemplo, si se usan esquís muy ligeros y flexibles, pero se combinan con botas rígidas y pesadas, la coherencia del equipo se ve afectada. Las botas rígidas están diseñadas para ofrecer control y estabilidad en descensos técnicos, pero al combinarse con esquís demasiado ligeros, la experiencia de ascenso se vuelve menos eficiente y el rendimiento global se ve comprometido. En cambio, una combinación adecuada sería utilizar esquís algo más pesados y estables con botas más flexibles para facilitar tanto el ascenso como la comodidad durante el recorrido.

Lo mismo ocurre con otros elementos, como puede ser la mochila: no existe un modelo único que se ajuste a todas las situaciones. El tipo de mochila dependerá del terreno por el que se vaya a transitar, la duración de la actividad y las necesidades personales. Por ejemplo, una mochila más pequeña y ligera puede ser suficiente para un día corto de travesía en terreno moderado, mientras que una mochila más grande y con soporte adicional será necesaria para actividades de varios días en terrenos más exigentes. Del mismo modo, casco, bastones, gafas y resto de complementos han de estar en sintonía con el resto del equipo.

Lleves lo que lleves, cuando estás en terreno de alta montaña siempre resulta esencial contar con material de seguridad como el ARVA, la pala y la sonda. Y no solo llevarlo: también hay que saber cómo utilizarlos correctamente. Igualmente, un análisis de riesgo completo es vital tanto antes de la salida (tener en cuenta las predicciones meteorológicas, los boletines de avalanchas, la planificación de la ruta…) como durante su realización (analizar el progreso, el horario, la capacidad del grupo, etc). El equipo al completo y nuestra mente han de estar alineados con una filosofía global de seguridad y preparación. **// Redacción Desnivel**

Garmin fēnix 8 Pro
CONEXIÓN DIRECTA

La octava generación de la serie fēnix incorpora comunicación satelital inReach y conectividad móvil LTE directamente en el reloj, reduciendo la dependencia del móvil en entornos remotos.

Con el lanzamiento del **fēnix 8 Pro,** Garmin introduce una novedad relevante: la posibilidad de enviar y recibir mensajes de texto, compartir ubicación o activar un SOS a través de la red satelital inReach o de cobertura LTE, directamente desde la muñeca (según disponibilidad y suscripción). Para actividades de montaña, expediciones, o salidas prolongadas donde llevar o usar el smartphone es ineficaz, esta integración apunta a reducir la dependencia del teléfono y a concentrar la interacción en el propio reloj.

La conectividad satelital del fēnix 8 Pro permite intercambiar mensajes de texto con otros usuarios de la app **Garmin Messenger** –ya sea en smartwatch o teléfono– y enviar datos de ubicación periódicos para seguimiento. A ello se suma la capa **celular LTE** que habilita llamadas de voz, mensajes de voz de 30 segundos, **pronósticos meteorológicos** y LiveTrack para compartir posición en tiempo real. El reloj pasa a formar parte directa del canal de comunicación, y no solo como accesorio de presentación de datos.

La función SOS, que se apoya en el servicio **Garmin Response,** conecta al usuario con un centro de coordinación de emergencias que gestiona el incidente, contacta con los números de emergencia registrados por el usuario y, si procede, enlaza con los equipos locales de rescate.

En paralelo a la conectividad, la marca incorpora nuevas pantallas. **El fēnix 8 Pro MicroLED** destaca por su luminosidad (hasta 4.500 nits) y densidad de color, con la promesa de una legibilidad más consistente incluso bajo luz solar intensa, algo muy relevante para lectura de mapas o métricas de rendimiento a pleno día en montaña. También hay versiones con **AMOLED,** manteniendo una alternativa para quienes prioricen autonomía (hasta 27 días en modo smartwatch en la versión AMOLED de 47/51 mm).

El resto de elementos se mantienen en el plano premium: clasificación para buceo, protección de botonera metálica, linterna LED y biseles de titanio. A nivel de software, integra las mismas funciones de navegación, rendimiento, salud y pagos que se han ido consolidando en generaciones previas: **TopoActive preinstalado,** rutas dinámicas, puntuaciones de Resistencia y Hill Score, sugerencias diarias de entrenamiento, **ECG** (según disponibilidad regional), además de **Garmin Pay** y funciones de seguridad.

En conjunto, la incorporación de conectividad satelital y LTE sitúa al fēnix 8 Pro en un territorio donde el reloj empieza a asumir más relevante en la comunicación cuando la cobertura es deficiente. Todo ello sin abandonar la identidad multideporte que define la línea fēnix desde sus inicios.

GARMIN.

LA TECNOLOGÍA
APLICADA AL ESQUÍ DE MONTAÑA

El esquí de montaña vive una etapa de profunda transformación marcada por la innovación tecnológica. La evolución del material, junto con el uso de sistemas de monitorización fisiológica, herramientas de seguridad avanzadas y prácticas sostenibles, ha cambiado la forma de entrenar, desplazarse y relacionarse con el entorno alpino. Analizamos en este artículo este nuevo paradigma desde una perspectiva integradora, exponiendo tanto sus ventajas como los nuevos retos que se plantean.

E N las últimas décadas, el esquí de montaña ha experimentado una transformación profunda, impulsada por los avances tecnológicos que han redefinido no solo la forma de practicar este deporte, sino también la relación que los practicantes mantienen con la montaña. Este deporte, que combina esfuerzo físico, técnica y conexión con la naturaleza, se ha beneficiado de la innovación aplicada a la seguridad, el rendimiento y la sostenibilidad, generando una experiencia más precisa, consciente y enriquecedora para quienes lo practican.

El equipo como aliado del esquiador

El primer ámbito de transformación se encuentra en el equipamiento, que ha pasado de ser un conjunto funcional básico a convertirse en un aliado activo del esquiador/a.

Los esquís modernos combinan ligereza, rigidez y flexibilidad de manera optimizada, permitiendo una transmisión de fuerza más eficiente y una precisión superior en cada movimiento. Este equilibrio es esencial no solo para los descensos controlados, sino también para el ascenso técnico, donde cada movimiento requiere economía energética y estabilidad sobre superficies variadas.

Las fijaciones, por su parte, han dejado de ser un simple punto de sujeción entre la bota y el esquí, para convertirse en sistemas activos que integran seguridad y rendimiento, adaptándose a la fuerza aplicada, ofreciendo estabilidad durante el descenso y facilitando el movimiento durante la subida.

Las botas han experimentado un desarrollo paralelo, incorporando sistemas de ajuste que distribuyen la presión, aumentando la ligereza, la transferencia de fuerza y la comodidad durante largas jornadas de ascenso y descenso. Esta evolución permite a practicantes mantener un control técnico superior, sin sacrificar la ergonomía ni la capacidad de respuesta durante maniobras exigentes.

Por otro lado, la ropa técnica también ha evolucionado notablemente: los tejidos modernos ofrecen transpirabilidad, impermeabilidad y elasticidad, garantizando protección frente cambios de temperatura y fenómenos meteorológicos.

La combinación de todos estos avances ha generado una experiencia deportiva altamente individualizada, donde cada deportista puede elegir materiales, diseños y configuraciones adaptadas a su nivel técnico, terreno de ascenso o descenso, y condiciones ambientales predominantes.

En este nuevo paradigma, no es el esquiador quien se adapta al equipamiento, sino el equipamiento es el que se adapta al esquiador, creando una simbiosis entre el cuerpo humano y la tecnología que redefine la experiencia deportiva.

Transformación en el entrenamiento

La tecnología no solo ha transformado el equipamiento, sino también la manera de entender y gestionar el entrenamiento y el rendimiento deportivo. La incorporación de dispositivos de medición de parámetros fisiológicos ha permitido monitorizar el estado del cuerpo en tiempo real, proporcionando información detallada sobre variables fisiológicas, hormonales o metabólicas, entre otras. Esta información, cuando se combina con métricas de diferentes parámetros de la recuperación y

Las innovaciones tecnológicas encuentran su aplicación fundamental en el campo de la competición, donde factores como la ligereza del equipo y la personalización del entrenamiento marcan la diferencia.

FOTOS: MARC ABELLA / FEDME

También en el campo de la seguridad, especialmente en los equipos y dispositivos de búsqueda de víctimas de avalanchas, y en las múltiples funcionalidades de los "relojes inteligentes", los nuevos desarrollos están cambiando nuestra forma de relacionarnos con el deporte y la montaña.

MARC ABELLA / FEDME

ADOBESTOCK

ADOBESTOCK

sistemas de seguimiento del proceso de estrés-recuperación, ofrece una visión integral del estado físico del deportista, permitiendo personalizar las cargas de entrenamiento, optimizar la recuperación y prevenir estados de fatiga avanzados.

Entre los dispositivos más utilizados destacan los monitores de frecuencia cardíaca, que registran de forma continua el ritmo cardíaco y permiten calcular zonas de esfuerzo individualizadas. Esto posibilita ajustar la intensidad de cada sesión, detectar signos tempranos de fatiga y evaluar la eficiencia cardiovascular del deportista.

Los analizadores de lactato, aunque más costosos e invasivos, permiten cuantificar con precisión la concentración de lactato en sangre, determinando la intensidad del esfuerzo y evaluando la adaptación al ejercicio de manera científica y personalizada.

Por su parte, los medidores de sudor proporcionan información sobre la pérdida de electrolitos y el nivel de hidratación, permitiendo diseñar estrategias de rehidratación ajustadas a las necesidades individuales.

Los analizadores de saliva y orina ofrecen, además, datos sobre marcadores hormonales y metabólicos, facilitando la evaluación del estrés fisiológico y la recuperación en periodos de entrenamiento intenso.

Personalización y autoconocimiento

El seguimiento de la variabilidad de la frecuencia cardíaca ha abierto nuevas perspectivas en la gestión del estrés y la recuperación. Esta métrica permite evaluar el equilibrio entre el sistema nervioso simpático y parasimpático, proporcionando información sobre el nivel de fatiga, la predisposición al esfuerzo y la eficiencia de la recuperación. Cuando se combina con herramientas de análisis del sueño, y métodos de recuperación como la crioterapia, la compresión neumática o la estimulación eléctrica muscular, y escalas de valoración subjetiva del esfuerzo y bienestar, se obtiene una visión integral que integra datos objetivos y percepciones subjetivas. Esta combinación permite tomar decisiones más conscientes, equilibrando el rendimiento físico con la salud mental y emocional del deportista.

En este contexto, el autoconocimiento se convierte en un componente fundamental del entrenamiento. Escuchar al propio cuerpo, reconocer los signos de fatiga, evaluar el nivel de motivación y tomar decisiones sobre descanso y recuperación son habilidades esenciales que complementan la información proporcionada por la tecnología. Los datos son útiles, especialmente en atletas de alto nivel, pero la verdadera mejora del rendimiento proviene de la capacidad de sentir, interpretar y conocerse a uno mismo. La tecnología debe ser una aliada al servicio del deportista, no un fin en sí misma.

Innovaciones en seguridad

La seguridad en la montaña ha sido otro campo en el que la innovación tecnológica ha tenido un impacto significativo. En un entorno de alta montaña invernal, donde el terreno es complejo y las condiciones climáticas pueden cambiar rápidamente, la capacidad de navegación y la respuesta ante emergencias son determinantes. Dispositivos GPS, balizas de emergencia, sistemas de comunicación satelital y detectores de víctimas de avalanchas (DVA) han incrementado la seguridad y reducido los riesgos, permitiendo localizar rápidamente a personas en situaciones críticas y coordinar rescates de manera eficiente. La posibilidad de consultar condiciones meteorológicas y de riesgo de aludes en tiempo real permite una planificación más segura y decisiones más informadas, aunque la experiencia y la formación siguen siendo insustituibles.

MAXDRAEGER / PEAKLITE

Avances que cuidan el planeta

La tecnología también ha impulsado la sostenibilidad y el respeto por el medio ambiente en el esquí de montaña. El uso de materiales reciclados en la fabricación de equipamiento, la implementación de energías renovables en refugios y estaciones, y la promoción del turismo local y rutas de bajo impacto ecológico muestran cómo el progreso puede integrarse con la conservación del entorno natural. Estas innovaciones permiten a los deportistas disfrutar de la montaña sin comprometer su equilibrio, fomentando una cultura de responsabilidad y cuidado ambiental.

Beneficios y riesgos de la tecnología

El ámbito audiovisual y analítico ha completado esta transformación. Videocámaras, drones y sistemas de grabación de alta definición permiten registrar la técnica, analizar trayectorias y capturar la belleza del entorno. Además, la difusión de este material a través de redes sociales ha democratizado el acceso a la información y generado cultura deportiva. Sin embargo, esta exposición también plantea riesgos: la búsqueda de reconocimiento o de imágenes impactantes puede inducir a asumir riesgos innecesa-

rios o priorizar la notoriedad sobre la seguridad y la autenticidad de la experiencia. Por ello, el material audiovisual debe utilizarse como herramienta de aprendizaje y disfrute, siempre priorizando la seguridad y el respeto por la montaña.

De este modo, la evolución tecnológica en el esquí de montaña ha generado un cambio de paradigma: la combinación de equipamiento avanzado, monitorización fisiológica, herramientas de seguridad, sostenibilidad y análisis audiovisual permite que los/las deportistas exploren sus límites con mayor seguridad, eficiencia y conciencia ambiental. Sin embargo, estos avances también requieren un equilibrio constante entre tecnología y experiencia, datos y percepción subjetiva, innovación y respeto por el entorno. La verdadera esencia del esquí de montaña reside en la armonía entre cuerpo, técnica y naturaleza, y en la capacidad de disfrutar del deporte con seguridad, responsabilidad y conciencia ambiental.

Cada avance tecnológico, desde los esquís y botas hasta los sistemas de monitorización fisiológica y las aplicaciones ambientales, busca ampliar la capacidad a practicantes sin reemplazar su juicio ni su conexión con la naturaleza. La tecnología

es una extensión de la experiencia, no un sustituto de ella. Cuando se utiliza con criterio, permite mejorar la eficiencia, la seguridad, la sostenibilidad y la calidad de la experiencia deportiva, sin perder de vista la esencia del esquí de montaña: la aventura, la conexión con la naturaleza y la conciencia de uno mismo. Este enfoque integral refleja una visión moderna del deporte de montaña, en la que la innovación tecnológica no es un fin en sí misma, sino un medio para potenciar las capacidades humanas y proteger el entorno. La combinación de rendimiento, seguridad, sostenibilidad y autoconocimiento ofrece a cada deportista la posibilidad de vivir la montaña de manera plena, responsable y consciente, explorando sus límites sin comprometer la integridad física ni el equilibrio natural.

En definitiva, el esquí de montaña actual es mucho más que un deporte: es una experiencia multidimensional que integra técnica, biología, tecnología, seguridad y respeto por la naturaleza. La montaña sigue siendo un espacio vivo, atractivo y desafiante, y el verdadero valor del deporte reside en la capacidad de mantener siempre presente la conexión con el entorno natural y con uno/a mismo/a.

Jordi MARTÍN GUILLAUMES

VESTIMENTA
CAPAS INTELIGENTES
La revolución para el esquí de montaña

El esquiador de montaña ha dejado de vestirse con lo "heredado"

del alpinismo y la pista. Ahora los fabricantes diseñan específicamente

para un deporte que exige calor controlado, transpiración máxima y

protección. Materiales activos, membranas que priorizan la ventilación

real y hasta capas calefactables son algunas de las iniciativas

que están cambiando el juego.

En una jornada de esquí de montaña, las exigencias térmicas fluctúan por la propia dinámica de la actividad –calor y sudor en las ascensiones, frío y viento en las paradas y los descensos–, lo que hace imprescindible elegir con criterio cada capa para mantener rendimiento y protección.

DURANTE décadas, la regla de oro en actividades invernales en montaña ha sido la de vestirse "por capas". Pero el esquí de montaña ha cambiado la ecuación. Aquí no hablamos de un paseo invernal, sino de un deporte en el que pasas de sudar como en un gimnasio en la subida a sentir el latigazo del viento y el frío en la bajada. Y donde una parada de 10 minutos para beber agua durante la subida, si no vas bien vestido, te puede dejar temblando. En los últimos años, la industria se ha dedicado a trabajar en este campo, buscando prendas que se anticipan y responden a los cambios de ritmo, temperatura y humedad, que son constantes en el esquí de montaña.

La capa base, la segunda capa y la capa exterior han dejado de ser tres prendas independientes para convertirse en un sistema dinámico que busca funcionar como una máquina térmica inteligente, potenciándose unas a otras. Y hoy, gracias a los nuevos materiales, estructuras y diseños pensados específicamente para el esquí de montaña, nos encontramos con muchas propuestas que dan en el clavo.

CAPA BASE
Gestión del sudor en primera línea

La primera capa es la que marca si vamos a terminar empapados o secos por dentro. Ya hay muchos fabricantes que se están centrando en estructuras en 3D del tejido:

no es una camiseta "plana", sino un relieve técnico que canaliza literalmente el sudor hacia el exterior, en vez de dejarlo en contacto con la piel. Esto permite evacuar más rápido el exceso de humedad producido en subidas fuertes.

Otra de las tecnologías que está en boga es la confección tipo body mapping o "mapeo corporal". Consiste en adaptar el tipo de tejido o el grosor a las necesidades de cada parte del cuerpo. Generalmente, en pectorales, espalda superior o lumbar

(zonas donde se suda más) el tejido es más fino y abierto; mientras que en hombros, tríceps o costados, se añade densidad para un extra de retención térmica.

En cuanto a los materiales, en las primeras capas hay dos familias dominantes: lana merino y fibras sintéticas (poliéster, polipropileno, poliamida). La lana merino sigue siendo reina en confort y regulación cuando el frío manda y la intensidad no es altísima. Es antibacteriana por naturaleza, agradable en contacto

COL. MILLET

FOTOS: COL. KARPOS

ADOBESTOCK / TUNEDIN

con piel y mantiene equilibrio térmico muy estable. Pero en esquí de montaña, con ritmo alto, suele reinar el sintético por su capacidad de secado más rápido y mayor evacuación absoluta. También hay combinaciones que mezclan fibras naturales con sintéticas, buscando lo mejor de ambos, en definitiva para lograr lo que todos prometen: que nuestra temperatura corporal permanezca constante.

SEGUNDA CAPA
Calor sin humedad

La segunda capa, en esquí de montaña, tiene una misión delicada: dar calor, pero que siga siendo muy transpirable. Aquí hace años que están ganando terreno los materiales sintéticos que imitan al plumón. No hablamos de doble capa de guata tradicional, sino de fibras sueltas, disgregadas en pequeños copos que se comportan como plumón hidrofóbico. Su ventaja frente a la pluma, que tiene mayor poder de aislamiento, es que las fibras sintéticas conservan sus propiedades incluso cuando están mojados, además de secar más rápido. También son cada vez más frecuentes las segundas capas híbridas: pecho con copos sintéticos tipo plumón y laterales con tejido elástico muy transpirable.

Más allá del material, también importa cómo está construida la prenda. Un ejemplo serían las capas "activas" que tienen un aislamiento diseñado para dejar pasar el aire mientras mantiene un colchón térmico estable, lo que permite ventilar sin perder calor. Si lo combinas con paneles diferenciados —por ejemplo, pecho con aislamiento, y espalda y laterales con malla técnica— tenemos una prenda que calienta donde hay que calentar mientras ventila como un softshell. En esquí de montaña esto se puede traducir en una mejor gestión de la energía y por tanto del rendimiento.

Arriba, esquiando en Georgia. El esquí de montaña se combina con frecuencia con el alpinismo (abajo, en los Alpes), lo que exige prendas técnicas que ofrezcan gran movilidad y materiales resistentes.
La primera capa (a la izquierda) resulta esencial para gestionar la humedad y mantener una temperatura estable durante el esfuerzo. Y en las paradas, cuando la pérdida de calor es más rápida, es crucial abrigarse de inmediato para conservar la energía térmica.

FAY MANNERS

PRENDAS
calefactables

En los últimos años han aparecido prendas que, además de aislar, incorporan calefacción activa mediante microresistencias alimentadas por baterías recargables. Para el esquiador de montaña –que alterna esfuerzos intensos con paradas y descensos frios– pueden marcar la diferencia entre mantener confort térmico o entrar en espiral de frío. Los modelos más básicos simplemente se encienden y se apagan, pero también existen modelos se gestionan con app y permiten definir tu temperatura objetivo. El sistema lee tus sensores internos (o la temperatura interior de la prenda) y activa o reduce potencia según tu configuración. Es una opción que ya se ve no sólo en guantes y calcetines, sino también en chalecos y primeras o segundas capas pensadas para integrarse realmente en el sistema de vestimenta técnica.

En esquí de montaña es una alternativa que encaja bien porque el gran agujero térmico no es subiendo, sino en la transición previa a la bajada, cuando el cuerpo se detiene y el viento meteorológico + relativo te pueden enfriar en cuestión de segundos. Un aporte puntual de calor activo puede evitar ese enfriamiento sin meter más volumen en mochila. Eso sí, hay que usarlas con cabeza: las baterías pesan y, si se abusa en subida, se puede generar humedad interna que luego penaliza. Bien integradas en un sistema de capas pensado para ventilar, estas prendas no sustituyen nada, sino que añaden una herramienta nueva –un "chute" térmico inteligente– que puede marcar la diferencia entre aguantar el frío o disfrutar verdaderamente de la bajada.

COL. ODLO

Hoy en día, muchas prendas destinadas al esquí incorporan sistemas Recco, un reflector pasivo que permite su localización mediante detectores específicos utilizados en rescates de montaña. También se han generalizado las capas y accesorios con baterías integradas y elementos calefactores, capaces de aportar calor regulado en condiciones de frío.

ROCÍO HURTADO/ ORTOVOX

COL. DECATHLON

TERCERA CAPA
Atención a los detalles

La capa externa –tanto chaqueta como pantalón– tiene la función de bloquear viento y la lluvia pero, de nuevo, tiene que seguir permitiendo evacuar ese vapor que se genera desde dentro. Esto es aún más importante a que tenga una impermeabilidad absoluta. Para esquí de montaña se está tendiendo a usar membranas mixtas o confección híbrida, combinando tanto materiales como tipos de tejido según las distintas necesidades de cada parte del cuerpo. En general la membrana va en pecho, hombros y frontal de las piernas, con paneles más transpirables en la parte posterior.

Además de la construcción y los materiales, los detalles de la tercera capa son

ADOBESTOCK / ZEDSPIDER

fundamentales para cubrir las exigencias del esquí de montaña. Es recomendable que incluya elementos como un faldón interior (para que no entre nieve en giros agresivos o caídas) y que cuente con cremalleras tanto en axilas como en los laterales de las piernas, para que garanticen la ventilación en las subidas duras. También la capucha de las chaquetas ha de ser compatible con el uso de casco, así como los bolsillos con el uso del arnés o del cinturón de la mochila. A valorar los pantalones es que incluyen rodilleras y culeras con un tejido más resistente a la abrasión, pues son los lugares más expuestos a cortes por las tablas o los crampones. También que en los bajos lleven cremalleras para que las botas de esquí

puedan adaptarse bien, y con polainas para que no entre la nieve.

Un ecosistema termodinámico

La gran diferencia de este sistema de capas es que no funcionan de forma independiente, sino como un ecosistema termodinámico. Mientras que la primera capa recoge y expulsa el sudor, la segunda capa gestiona el calor sin colapsar, y la tercera protege del viento y modula la exhalación del vapor. Este encaje es lo que permite que una subida a ritmo de umbral aeróbico y una bajada con viento helado se puedan vivir sin tener que "resetear" la ropa en cada transición.

Pero hay que tener en cuenta que en general no te enfrías cuando estás bajando, sino justo antes: en el collado, cuando estás haciendo la transición; en esos minutos en los que obligatoriamente tienes que pararte a hacer el ritual: quitar pieles, bloquear la fijación, colocar la bota en modo esquí, beber, hacer la foto, reajustar los guantes... Ahí es muchas veces donde se pierde la temperatura que no se va a recuperar en la bajada. La opción más habitual es llevar una prenda tipo segunda capa (aislante) a mano en la mochila, para ponértela rápidamente cuando te paras, ayudándote de esta forma a conservar el calor corporal, y quitártela antes de bajar, quedándote únicamente con la capa que ejerce la barrera frente al viento.

Claro que todas estas claves de vestimenta cambian en el mundo de la competición, donde el esquiador no está tan preocupado por modular su temperatura combinando prendas, pues durante la carrera se impone la velocidad en todo momento y prácticamente no hay paradas. Habitualmente los corredores y corredoras suelen usar un mono de esquí elástico y ceñido, pensado para maximizar la movilidad y minimizar la resistencia aerodinámica. En carreras de skimo, cada segundo cuenta, y el material es parte del rendimiento puro.

Aunque la naturaleza seguirá mandando –en montaña siempre manda– la ingeniería textil está ya al servicio del esquiador, permitiéndole rendir a tope en las subidas, hacer la transición, y bajar sin tiritar.

Redacción DESNIVEL

CIMALP

CIMALP

Advanced Salopette

Peto de esquí impermeable y transpirable.
El Advanced Bib de CIMALP ha sido diseñado especialmente para esquiadoras. Las tiras con botones a presión facilitan las pausas en el baño, mientras que la espalda elástica asegura un ajuste estable y cómodo. Su tejido Advance, ligero e impermeable, se combina con refuerzos resistentes, cremalleras laterales hasta la rodilla y un bolsillo en el pecho con soporte para ARVA, ofreciendo un diseño tan técnico como funcional.

PVPR: 219,90 €.
www.cimalp.es

Cosmiques

Chaqueta con membrana transpirable Ultrashell.
COSMIQUES es la primera chaqueta de CIMALP que combina dos tecnologías patentadas. La membrana ULTRASHELL® se complementa con el sistema AERODRY®: un suave inserto tridimensional en la parte superior de la manga que mejora la transpirabilidad y evacua el vapor incluso en esfuerzos intensos, manteniendo una regulación térmica constante.

PVPR: 229,90 €.
www.cimalp.es

Baretti

Chaqueta polar con CIMAGRID® y aislamiento PRIMALOFT®.
Esta chaqueta polar combina innovación y eficiencia térmica para los amantes de la montaña. Su tejido exclusivo CIMAGRID® optimiza la retención de calor sin comprometer la transpirabilidad, mientras que el aislamiento PRIMALOFT® mantiene el calor sin añadir peso, garantizando comodidad en todo momento.

PVPR: 149,90 €.
www.cimalp.es

Seamless Hood

Camiseta térmica sin costuras.
Esta primera capa sin costuras ofrece máxima libertad de movimiento y confort térmico en condiciones extremas. Su tejido elástico y transpirable regula la temperatura y evacua el sudor, manteniendo el cuerpo seco.

PVPR: 59,90 €.
www.cimalp.es

Strategic Pant

Mallas interiores térmicas sin costuras de bambú y seda. Primera capa térmica que se ajusta como una segunda piel. La combinación de seda y tecnología CIMATHERM proporciona bienestar inmediato, aislamiento eficaz y calor constante. Gracias a su sistema Body Mapping, regula la temperatura y la ventilación por zonas, ofreciendo máxima comodidad y libertad de movimiento.

PVPR: 49,90 €.
www.cimalp.es

Carbon 100

Bastones telescópicos de carbono ultraligeros. Bastones 100% carbono con sistema Easy-Lock de aluminio: ultraligeros, fáciles de ajustar y diseñados para ofrecer máxima comodidad y rendimiento.

PVPR: 99,90 €.
www.cimalp.es

Watershell

Sobreguantes impermeables y transpirables.
Ultraligeros e impermeables, estos sobreguantes protegen eficazmente frente a la intemperie. Cumplen con los requisitos de material obligatorio en ultras, como la del Mont-Blanc. Ideales para correr, esquí de travesía o senderismo, incorporan costuras estancas y una membrana impermeable, transpirable y elástica.

PVPR: 39,90 €.
www.cimalp.es

Max Fly

Gafas ultraligeras CIMALP x Pomoca.
Edición especial creada en colaboración con Pomoca para celebrar el regreso a la competición de Matteo Eydallin tras su accidente en Pierra Menta. Diseñadas para esquí de montaña y parapente, combinan un peso mínimo (45 g) con máxima protección frente a rayos UV y deslumbramiento en alta montaña.

PVPR: 59,90 €.
www.cimalp.es

Haglöfs

Haglöfs

Roc Sight Softshell II

La Roc Sight Softshell II es una chaqueta técnica diseñada para resistir las condiciones más exigentes en la montaña durante todo el año. Confeccionada en nylon ligero y elástico, combina transpirabilidad, comodidad y gran durabilidad. También cuenta con refuerzos estratégicos en las zonas clave y un interior de forro polar. Incorpora todos los detalles que necesitas en la montaña, como un diseño compatible con arnés y casco, además de mangas que facilitan el movimiento, y la convierten en la aliada perfecta para el alpinismo.

PVPR: 300 €
www.haglofs.com

Roc Sight Softshell II Pantalones

Diseñados para afrontar la montaña con la mejor protección, confort y resistencia, los pantalones Roc Sight Softshell II están confeccionados en nylon elástico. Ofrecen protección frente al viento y la humedad sin renunciar a la ligereza ni a la comodidad, incorporando refuerzos en las zonas clave y forro interior. Su diseño compatible con arnés y las rodillas articuladas garantizan máxima libertad de movimiento y comodidad en las ascensiones más exigentes.

PVPR: 260 €
www.haglofs.com

L.I.M Down II Hood

La L.I.M Down II Hood es una chaqueta de plumón ultraligera pensada para quienes buscan el máximo rendimiento con el mínimo peso. Se guarda fácilmente ya que es muy compactable y ofrece una gran calidez incluso en condiciones de humedad gracias a su relleno de plumón ExpeDRY de 800. Su diseño con paneles térmicos distribuidos estratégicamente, que equilibran la transpirabilidad y el aislamiento, la hace perfecta para actividades de alta intensidad, mientras que la capucha ajustada aporta protección y comodidad.

PVPR: 330 €
www.haglofs.com

L.I.M Mimic II Hood

Ligera y plegable, la chaqueta L.I.M Mimic II Hood está pensada para actividades de alta intensidad en condiciones frías. Confeccionada con suave y ultraligero Pertex Quantum®, incorpora aislamiento MIMIC Platinum con infusión de grafeno, que retiene el calor incluso cuando se moja. Su diseño con paneles distribuidos estratégicamente por el cuerpo proporciona mayor aislamiento y transpirabilidad. También cuenta con una capucha ajustada, que ofrece una cobertura adicional frente al viento y el frío.

PVPR: 290 €
www.haglofs.com

L.I.M Mid Multi II Hood

Diseñada para adaptarse a tu ritmo en condiciones meteorológicas cambiantes, esta capa intermedia técnica combina ligereza, elasticidad y confort térmico.
Su confección con zonas estratégicamente mapeadas utiliza una combinación de materiales de forro polar elásticos, ligeros y con estructura en rejilla que favorecen la transpiración, evacuan la humedad y se secan rápidamente. Incluye bolsillos laterales con cremallera y una capucha ajustada que se adapta bajo el casco.

PVPR: 120 €
www.haglofs.com

Latnja 18L

La mochila Latnja está diseñada para llevar tu equipo de forma cómoda y eficiente mientras te mueves con total libertad y seguridad por la montaña. Su ajuste ceñido al cuerpo y la distribución equilibrada del peso garantizan una movilidad excelente. Ofrece el espacio y las prestaciones justas para llevar lo esencial, con un compartimento específico para el equipo de seguridad en caso de avalanchas. También incluye un bolsillo con forro polar para las gafas, una red para el casco y una correa diagonal para transportar los esquís o la tabla de snowboard entre sesiones.

PVPR: 160 €
www.haglofs.com

Alagna Plus 2.0 Jacket

Prenda icónica del esquí de montaña que ha evolucionado para garantizar mejores prestaciones y que sea sostenible. Gracias a su combinación de materiales técnicos y sostenibles, proporciona calidez y protección donde se necesita, ligereza y transpirabilidad donde es esencial. La parte delantera y la parte superior de las mangas están confeccionadas con un tejido reciclado ligeramente elástico y resistente al viento, con aislamiento Octa 170 g que es cálido, ligero y está fabricado con poliéster reciclado. El resto lleva un tejido transpirable y altamente resistente a la abrasión. Cada detalle está diseñado para la acción: los dos bolsillos de gran capacidad en el torso permiten guardar fácilmente material técnico o las pieles, mientras que los bolsillos interiores en tejido de rejilla ofrecen espacio adicional para lo que necesites tener a mano. CARACTERÍSTICAS: Capucha preformada con visera rígida. Dos bolsillos en el torso con fuelle. Cremalleras YKK®. Bolsillo interior en tejido de rejilla. Bolsillo en el torso con anilla interior para las llaves. Ribete elástico en los bajos. Puño elástico en la terminación de la manga. Tratamiento DWR sin PFAS.

Peso: 423 g. **PVPR:** 240 €. www.karpos-outdoor.com

Alagna Plus 2.0 W Jacket

Prenda icónica del esquí de montaña que ha evolucionado para garantizar mejores prestaciones y que sea sostenible. Gracias a su combinación de materiales técnicos y sostenibles, proporciona calidez y protección donde se necesita, ligereza y transpirabilidad donde es esencial. La parte delantera y la parte superior de las mangas están confeccionadas con un tejido reciclado ligeramente elástico y resistente al viento, con aislamiento Octa 170 g que es cálido, ligero y está fabricado con poliéster reciclado. El resto lleva un tejido transpirable y altamente resistente a la abrasión. Cada detalle está diseñado para la acción: los dos bolsillos de gran capacidad en el torso permiten guardar fácilmente material técnico o las pieles, mientras que los bolsillos interiores en tejido de rejilla ofrecen espacio adicional para lo que necesites tener a mano. CARACTERÍSTICAS: Capucha preformada con visera rígida. Dos bolsillos en el torso con fuelle diseñados para facilitar el uso del arnés o de la mochila. Cremalleras YKK®. Bolsillo interior en tejido de rejilla. Bolsillo en el torso con anilla interior para las llaves. Ribete elástico en bajos. Puño elástico en la terminación de la manga.

Peso: 352 g. **PVPR:** 240 €. www.karpos-outdoor.com

Alagna Plus 2.0 Pants

Diseñado para los que viven la montaña con intensidad, este pantalón es la opción perfecta para el esquí de montaña, incluso en los días más fríos y exigentes. La parte delantera cuenta con tejido cortaviento y nailon reciclado elástico para proteger donde más se necesita, mientras que el ligero forro en tejido peinado ofrece calidez sin añadir peso. La parte trasera, de poliéster reciclado, proporciona transpirabilidad y libertad de movimiento. Los tres prácticos bolsillos, dos en la parte delantera y uno en el muslo, y la cremallera con fuelle en la parte inferior de la pierna, hacen que este pantalón sea técnico y funcional. Ligero, protector y respetuoso con el medio ambiente, está listo para acompañarte en tus aventuras. CARACTERÍSTICAS: Banda elástica en la cintura con cordón de ajuste. Cremallera de longitud integral. Dos bolsillos con cremallera en la parte delantera. Bolsillo con cremallera en la parte trasera. Cremallera en la terminación de la pierna con fuelle interior para un perfecto ajuste. Refuerzo de poliuretano alrededor del gancho de la bota en la terminación de la pierna. Botón de ajuste en la parte inferior de la pierna. Tratamiento DWR sin PFAS.

Peso: 449 g. **PVPR:** 200 €. www.karpos-outdoor.com

Alagna Plus 2.0 W Pants

Diseñado para las que viven la montaña con intensidad, este pantalón es la opción perfecta para el esquí de montaña, incluso en los días más fríos y exigentes. La parte delantera cuenta con tejido cortaviento y nailon reciclado elástico para proteger donde más se necesita, mientras que el ligero forro en tejido peinado ofrece calidez sin añadir peso. La parte trasera, de poliéster reciclado, proporciona transpirabilidad y libertad de movimiento. Los tres prácticos bolsillos, dos en la parte delantera y uno en el muslo, y la cremallera con fuelle en la parte inferior de la pierna, hacen que este pantalón sea técnico y funcional. Ligero, protector y respetuoso con el medio ambiente, está listo para acompañarte allá donde te lleven tus aventuras. CARACTERÍSTICAS: Banda elástica en la cintura con cordón de ajuste. Dos bolsillos con cremallera en la parte delantera. Bolsillo con cremallera en la parte trasera. Cremallera en la terminación de la pierna con fuelle interior para un perfecto ajuste. Refuerzo de poliuretano alrededor del gancho de la bota en la terminación de la pierna. Botón de ajuste en la parte inferior de la pierna. Fabricado con al menos un tejido reciclado. Tratamiento DWR sin PFAS.

Peso: 385 g. **PVPR:** 200 €. www.karpos-outdoor.com

Alagna Plus 2.0 Vest

Cuando el clima lo permite y la libertad de movimiento se vuelve esencial, el chaleco Alagna Plus 2.0 es la opción natural para quienes valoran las altas prestaciones sin concesiones. Fabricado con un tejido reciclado elástico y cortaviento, y con forro en 100 % poliéster reciclado Octa, ofrece ligereza y calidez donde más se necesita. La espalda está fabricada con un tejido resistente a la abrasión, altamente transpirable y con tratamiento DWR sin PFAS añadidos intencionadamente, para que puedas utilizarlo incluso en las subidas más intensas. Los dos bolsillos en la parte delantera y los prácticos bolsillos interiores en tejido de rejilla, completan este chaleco para esquí de montaña y actividades invernales altamente técnicas. Con un 91 % de materiales reciclados, es una elección que demuestra respeto por las montañas que amas. CARACTERÍSTICAS: Todas las cremalleras son YKK®. Bolsillo interior en tejido de rejilla. Bolsillo delantero con sujeta llaves. Cierre de cintura con banda elástica. Terminación de la manga en corte vivo para mayor confort. Fabricado con tejido reciclado. Tratamiento DWR sin PFAS. Disponible en versión masculina y femenina.

Peso: 260 g. **PVPR:** 170 €. www.karpos-outdoor.com

Alagna Down Jacket

Chaqueta cálida, ligera y sostenible, que no teme a la humedad. Está confeccionada con aislamiento de plumón de pato 90/10 con Fill Power 800 de alta calidad. Incluye el innovador tratamiento DWR, aplicado directamente al plumón, que mantiene la capacidad de aislamiento incluso en condiciones de máxima humedad. El tejido exterior es Pertex® Quantum® Nylon 10 denieres 100 % reciclado que, además de ser muy ligero, ofrece una elevada resistencia a la abrasión y al desgarro. En el exterior también lleva tratamiento DWR sin PFAS, que ayuda a repeler la humedad y la suciedad. Muy compactable, incluye funda compresora. Una prenda perfecta para actividades como el esquí de montaña, alpinismo y trekking. CARACTERÍSTICAS: Capucha preformada y con cordón de ajuste regulable. Cremallera central YKK® de doble cursor. Dos bolsillos con cremallera YKK® en la parte delantera, compatibles con arnés. Tejido elástico en la parte inferior de la manga para mayor transpirabilidad. Cordón de ajuste regulable en bajos. Ribete elástico en la terminación de la manga Tejido principal 100% reciclado. Tratamiento DWR sin PFAS. Disponible en versión masculina y femenina.

Peso: 297 g. **PVPR:** 320 €. www.karpos-outdoor.com

Skimo Race Suit Pro

Mono de competición de esquí de montaña desarrollado junto al Equipo Español de Skimo para el máximo rendimiento olímpico. Con sólo 319 g, combina paneles con distintas composiciones y gramajes para obtener un máximo rendimiento. Incorpora bolsillos de acceso rápido para pieles, refuerzos Dyneema® y detalles diseñados para la velocidad y eficiencia en nieve. Customizable para agrupaciones. Esencia *FAST&LIGHT*.

Peso: 319 g (XS). **Tejido:** Aeroskin®, poliéster y lycra combinado en distintas proporciones. Refuerzos en Dyneema® extremadamente ligero y resistente. **PVPR:** 219,90 €
www.os2o.com

Meteor Ski-Alp Pants

Pantalones técnicos para alpinismo y skimo, confeccionados con el innovador tejido reciclado monocapa STORMFLEECE PRO® cortaviento, repelente al agua, transpirable y aislante térmicamente. Cintura elástica compatible con arnés, polaina interior para una excelente sujeción en la bota. Refuerzos en tobillos con tejido Kevlar® y fibra de vidrio anticorte y antipinchazos de crampón. Cremalleras YKK® Vislon™. Tratamiento exterior repelente de agua DWR.

Peso: 295 g (S). **Tejido:** STORMFLEECE PRO® 69% Poliéster Reciclado, 23% Poliéster, 8% Spandex 4 way stretch. BLUESIGN®. **Refuerzo:** 32% Kevlar®, 11.7% Poliéster, 15.6% Fibra de vidrio, 40.7% Poliuretano. **PVPR:** 149,90 €
www.os2o.com

Speedpack Skimo 18L

La SPEEDPACK SKIMO 18 es una mochila técnica diseñada para competición y salidas de esquí de montaña *FAST&LIGHT*. Con sólo 417 g, equilibra velocidad, capacidad y funcionalidad. Permite poner y quitar los esquís diagonalmente sin retirarla, incluye bolsa porta-crampones lateral, compartimento para pala y sonda, sistema de remolque incorporado y portabidón en hombrera. Desarrollada junto al Equipo Español de Skimo FEDME, representa la eficiencia y ligereza al servicio del rendimiento en skimo de alta intensidad.

Peso: 417 g. **Tejido:** Tejido 100% Poliéster de alta resistencia con estructura rip-stop (145 g/m²) que ofrece una excelente relación entre durabilidad y ligereza. **PVPR:** 129,90 €. www.os2o.com

Evo StretchShell Pro

La EVO StretchShell PRO Jacket encarna el espíritu *FAST&LIGHT*: máxima protección con mínimo peso (277 g). Fabricada con tejido StretchShell PRO 3L (15K/30K), ofrece impermeabilidad de 15 000 mm y transpirabilidad de 30 000 g/m²/24h, combinando resistencia al agua, viento y frío con elasticidad total. Con capucha rediseñada, cremallera YKK® impermeable y bolsillo ampliado, es la aliada perfecta para quienes buscan velocidad, ligereza y rendimiento técnico en skimo y alpinismo.

Peso: 277 g. **Tejido:** StretchShell PRO 3 capas. 78% poliéster, 22% poliuretano, 136 g/m² proporciona impermeabilidad, transpirabilidad y protección 100% cortavientos.
PVPR: 139,90 €. www.os2o.com

MILANO CORTINA 2026
SPAIN OLYMPIC NATIONAL TEAM

Magica GTX Pro Jacket

Evolución de una de las prendas más vendidas de Montura, la chaqueta Magic 2.0, pero más ligera, suave y silenciosa. Gracias a su confección Weather-Ready con GORE-TEX Pro, es perfecta para afrontar cualquier aventura en la montaña. Probada en las condiciones más extremas, proporciona una impermeabilidad excepcional, alta transpirabilidad y secado rápido. Tratada con DWR libre de PFAS, garantiza una alta durabilidad, protección UV y respeto por el medio ambiente. La confección ErgoFit, sello distintivo de Montura, optimiza cada corte para garantizar máxima comodidad y libertad de movimiento. Puños elásticos ajustables, capucha compatible con casco. Se pliega fácilmente en un bolsillo.

Peso: 300 g. **PVPR:** 400 €
www.montura.com

Sky Wild 2 Pants

Estos pantalones están confeccionados con tejido Pro-Meteo de 3 capas, resistente e impermeable, para una comodidad superior y una protección duradera. El tratamiento DWR sin PFAS y la membrana de 20K/10K te protegen de la nieve y la lluvia sin sacrificar la transpirabilidad. Las aberturas laterales con cremallera parcial ayudan a aumentar la ventilación en los ascensos exigentes. Los refuerzos en los tobillos evitan rasgaduras y roces accidentales. El bajo también es ajustable e incluye fuelles con cremallera y polainas interiores elásticas para mantener tus botas secas y libres de residuos. Guarda de forma segura objetos pequeños en los prácticos bolsillos con cremallera que incorpora en los laterales. Unos pantalones que te ofrecen la garantía de mantenerte abrigado y seco en la montaña.

Peso: 530 g. **PVPR:** 299 €. www.montura.com

Peak Hybrid Hooded Jacket

Esta chaqueta híbrida acolchada para hombre está diseñada específicamente para el esquí de montaña y las aventuras alpinas de ritmo rápido en climas fríos y variables. Transpirable y compresible, es una capa de alto rendimiento para tus objetivos invernales más exigentes. La capa exterior está hecha de nailon ripstop doble ultraligero con un acabado DWR sin químicos para resistencia al viento y la humedad, mientras que los paneles de tejido elástico garantizan movilidad y comodidad. En el interior, el aislamiento Comfortemp® Down Feel, hecho de fibras PET recicladas, imita la suavidad y el volumen del plumón natural sin el impacto ambiental. El diseño se completa con bajos, puños y capucha elásticos para brindar un ajuste seguro y protección adicional.

Peso: 440 g. **PVPR:** 230 €. www.montura.com

Speed Style 2 Jacket

Chaqueta softshell técnica diseñada para el esquí de montaña y las aventuras alpinas aeróbicas en condiciones variables. Construida con nailon elástico en 4 direcciones con una estructura de doble tejido, ofrece una excelente transpirabilidad, resistencia a la abrasión y protección contra el viento y la humedad. Su acabado DWR sin PFAS garantiza la repelencia al agua y es respetuoso con el medio ambiente. Sus paneles elásticos mejoran la movilidad y la comodidad, y su un forro de malla mejora la ventilación y el control de la humedad. Bolsillos exteriores con cremallera e interiores abiertos; puños y bajos elásticos.

Peso: 360 g. **PVPR:** 180 €.
www.montura.com

Ice Ski Jacket

Prenda especialmente diseñada para el esquí y las actividades de nieve. Confeccionada con un tejido 3 capas de nailon elástico reciclado e incluye una membrana impermeable y muy transpirable (20K/50K), junto a un acabado DWR sin PFAS. En el interior incorpora aislamiento sintético Comfortemp® que se combina con el aún más transpirable Polartec® Alpha® Direct en la espalda, evitando los puntos fríos incluso durante la actividad intensa. Con un forro interior suave y un ajuste ergonómico, la chaqueta se completa con un faldón interior para la nieve desmontable con cremallera, puños y bajos ajustables, un bolsillo para el forfait y múltiples bolsillos con cremallera y de fácil acceso para un almacenamiento inteligente.

Peso: 690 g. **PVPR:** 390 €.
www.montura.com

Ice Ski Pants

Pantalones impermeables especialmente recomendables para esquí de travesía, así como otras actividades outdoor con climbas fríos. Están confeccionados con un tejido 3 capas de nailon que incluye una membrana impermeable y transpirable (20K/10K), así como un forro exterior de nylon con tratamiento DWR libre de FPAS. Para el confort térmico incorporan aislamiento sintético Comfortemp® de poliéster ultraligero de 60 g, que garantiza la retención del calor incluso en condiciones de humedad. Cómoda cintura elástica con cierre de cremallera y velcro. Los bajos son ajustables con un fuelle con cremallera e incluyen unas polainas elásticas y un refuerzo antiabrasión en la parte interna; se pueden fijar por debajo del calzado.

Peso: 560 g. **PVPR:** 330 €. www.montura.com

Peak Pants

Con un tejido de nailon elástico en 4 direcciones, estos pantalones ofrecen el equilibrio ideal entre durabilidad y flexibilidad para desenvolverse en terrenos difíciles. La estructura de doble tejido ofrece una transpirabilidad superior incluso haciendo actividad aeróbica, y su acabado DWR repele la nieve y la lluvia ligeras para que te mantengas seco y cómodo. La cintura elástica tipo pull-on garantiza un ajuste ceñido y reduce el volumen al usar varias capas de ropa. Guarda cómodamente pequeños objetos esenciales en sus bolsillos laterales con cremallera. Sus bajos con cremallera y elásticos facilitan su compatibilidad con cualquier calzado. Los pantalones Peak están diseñados para maximizar la comodidad durante actividades exigentes como el esquí de montaña.

Peso: 350 g. **PVPR:** 179 €
www.montura.com

Peak Power Grid Polartec Anorak

Camiseta técnica para hombre ideada para deportes de alta intensidad como el esquí de montaña, la escalada y el senderismo a ritmo rápido. Diseñada como una capa intermedia o base ligera, está confeccionada con forro polar Polartec® Power Grid™, un tejido de vanguardia con una construcción de rejilla bicomponente patentada que regula la temperatura corporal al tiempo que permite que el vapor del sudor salga de forma eficiente. La cremallera frontal central añade control de ventilación durante el esfuerzo intenso, lo que la hace ideal para usar en entornos fríos o clima variable.

Peso: 180 g. **PVPR:** 110 €
www.montura.com

ᔓRab®

Khroma Latok GTX Jkt / Khroma Latok GTX Jkt W

Diseñada para esquiadores y esquiadoras que se mueven en condiciones extremas, esta chaqueta ofrece una protección sobresaliente gracias a la tecnología GORE-TEX PRO de tres capas, que optimiza la transpirabilidad y la impermeabilidad justo donde lo necesitas. Su patrón articulado garantiza la movilidad y la seguridad en ascensos técnicos y descensos exigentes.

Características: Capucha ajustable en dos direcciones, compatible con casco y ajustable con una sola mano. Cremallera frontal YKK® VISLON® AquaGuard® con protector de barbilla afelpado. Bolsillo interior con cremallera + bolsillo interior de malla. Puños alargados y puños interiores suaves que impiden la entrada de la nieve. Faldón antinieve con tejido elástico Matrix™, desmontable con doble cierre a presión. Dobladillo ajustable con una sola mano. Reflector RECCO® integrado para más seguridad en terreno de avalanchas.

Materiales: GORE-TEX PRO 3 capas (80D) con membrana ePE y DWR libre de PFCec (131 g/m²), columna de agua: 28 000 mm. Tejido principal: 100% poliamida reciclada con membrana ePE/poliuretano. Faldón de nieve: 88% poliamida reciclada, 12% elastano. **Especificaciones:** Fit: Regular. Largo espalda: Hombre (Talla M): 81 cm. Mujer (Talla 10): 77 cm. **Peso:** Hombre: 564 g. Mujer: 508 g. **Tecnología:** GORE-TEX PRO. RECCO®. **PVPR:** 750 €.
www.rab.equipment/eu

Khroma Converge Jkt / Khroma Converge Jkt W

Confeccionada para largas jornadas en terreno variado, esta chaqueta combina protección impermeable de 3 capas con la innovadora membrana GORE-TEX libre de fluorocarbono y tecnología Warm Backer, que mejora el confort térmico y la evacuación del sudor. Diseñada para ascensos exigentes y descensos en nieve profunda, destaca por su ventilación eficaz, sus bolsillos compatibles con mochila y arnés, y su versatilidad en todo tipo de condiciones invernales.

Características: Construcción 3 capas GORE-TEX reciclado 80D con membrana ePE y DWR sin PFCec. Tecnología Warm Backer para confort, calidez y gestión de la humedad. Capucha ajustable compatible con casco, con cordones internos ocultos y visera de polímero rígido y flexible. Cremalleras de ventilación en las axilas con YKK® AquaGuard®. 4 bolsillos exteriores (2 en el pecho, 2 con fuelle para mayor capacidad). Bolsillo para forfait en la manga. Bolsillos interiores (malla + seguridad con cremallera). Articulación en las mangas para mejor movilidad. Faldón antinieve Matrix™ desmontable. Puños interiores suaves para sellar la nieve. Cremallera frontal YKK® VISLON® AquaGuard® de doble dirección.

Materiales: principal: 100% poliamida reciclada con membrana ePE/poliuretano. Reverso: 100% poliéster reciclado. Faldón antinieve: 85% poliamida, 15% elastano. **Especificaciones:** Fit: Regular. Largo espalda: Hombre (Talla M): 81 cm. Mujer (Talla 10): 77 cm. **Peso:** Hombre: 697 g. Mujer: 643 g. **Tecnología:** GORE-TEX Performance Products. Membrana ePE sin fluorocarbono. **PVPR:** 600 €.
www.rab.equipment/eu/

ᔓRab®

Khroma Diffuse GTX Jkt / y Khroma Diffuse GTX Jkt W

Una chaqueta robusta para grandes rutas de esquí de travesía, fabricada con GORE-TEX de 3 capas y membrana ePE. Su diseño más largo ofrece protección adicional en nieve profunda. Incorpora RECCO® para mayor seguridad en terrenos remotos y está equipada para responder en misiones alpinas con meteorología cambiante.

Características: Capucha compatible con casco, ajustable en dos direcciones y visera rígida/flexible. Cremallera frontal YKK® VISLON® de doble dirección con protector de barbilla afelpado. Mangas articuladas para mejor movilidad. Puños alargados con ajuste de velcro. Faldón antinieve Matrix™ desmontable. Ajuste trasero del dobladillo apto para uso con guantes. Reflector RECCO® integrado.

Materiales: GORE-TEX 3 capas 70D con membrana ePE y DWR libre de PFCec (133 g/m²). 28 000 mm. Tejido principal: 100% poliamida reciclada.

Faldón antinieve: 88% poliamida reciclada, 12% elastano. **Especificaciones:** Fit: Regular. Largo espalda (Talla M): 81 cm. **Peso:** 558 g (Talla M). **Tecnología:** GORE-TEX Performance Products. RECCO®. **PVPR:** 570 €.
www.rab.equipment/eu/

Khroma Converge Pants

Estos pantalones están diseñados para afrontar grandes días de montaña, desde ascensiones prolongadas hasta descensos largos en nieve polvo. Confeccionados con GORE-TEX reciclado y una membrana ePE sin fluorocarbono, incorporan un refuerzo térmico interior que aporta calidez y evacua la humedad. Son resistentes, versátiles y pensados para rendir en condiciones exigentes.

Características: Construcción 3 capas GORE-TEX reciclado 80D con membrana ePE y DWR sin PFCec. Bolsillos estratégicos: dos bolsillos expandibles en muslos y un bolsillo trasero. Gran ventilación con cremalleras YKK® unidireccionales en muslos y tobillos. Refuerzos interiores para resistencia a cantos de esquí. Ajuste de cintura por velcros en ambos lados. Trabillas para cinturón y puntos para tirantes. Polaina interior elástica contra la nieve. Ajuste a presión en el dobladillo para diferentes botas. Bolsillo interior de malla con presilla de seguridad.

Materiales: Principal: 100% poliamida reciclada con membrana ePE/poliuretano. Reverso: 100% poliéster reciclado. Refuerzos: poliamida/poliéster/poliuretano. Polaina interior: 85% poliamida, 15% elastano. **Especificaciones:** Fit: Regular. **Peso:** 674 g (Talla M). **Tecnología:** GORE-TEX Performance Products. **PVPR:** 500 €. www.rab.equipment/eu/

Un correcto mantenimiento y cuidado de las pieles, tanto durante su uso en montaña como al almacenarlas, prolonga su vida útil, ayudando a mantener su eficacia temporada tras temporada.

GUÍA ESENCIAL DE LAS
PIELES DE FOCA
Composición, tipos y rendimiento

Las pieles de foca son ese pequeño gran detalle que permite que la travesía funcione: sin ellas el esquí de montaña simplemente no existe. Elegir bien –y saber cuidarlas– puede marcar la diferencia entre fluir por la montaña o pelearse con cada metro de desnivel. Aquí explicamos en qué se distinguen, de qué están hechas y cómo sacarles el máximo partido en la nieve.

AUNQUE se han encontrado evidencias del uso de pieles de animales –renos, lobos y focas– para desplazarse por la nieve con rudimentarios esquís primitivos incluso antes de la Edad Media, no nos vamos a remontar tanto para explicar su origen, que se sitúa en las regiones nórdicas. Los esquimales y otros habitantes de las regiones polares las utilizaban como medio de desplazamiento, y se sabe que el explorador noruego Fridtjof Nansen –que además fue científico y diplomático, galardonado con el Premio Nobel de la Paz– las utilizó en su expedición polar de 1893, cuyo objetivo era alcanzar el Polo Norte, en la que llegaron hasta los 86º14' latitud Norte, el punto más septentrional que jamás había alcanzado un ser humano. Aquí comprobaron que la piel que mejor deslizaba de todas era la de la foca.

También a finales del siglo XIX las pieles llegaron a los Alpes, siendo utilizadas al principio por los guardas de fronteras y los militares suizos para sus desplazamientos en montaña. No pasó mucho tiempo hasta que la alta sociedad suiza las adoptara también para sus paseos recreativos con esquís en sus estancias invernales. La primera marca que empezó a comercializarlas fue la suiza Pomoca, fundada por los hermanos Dulfor en los años 30. Aunque las primeras se fabricaban con piel auténtica de foca, como las originales, la disminución drástica de este animal y el rechazo creciente entre la sociedad por su cacería para la obtención de pieles, hizo que los fabricantes buscaran otros materiales alternativos.

La clave: el mohair

Entre todos los materiales que se probaron para sustituir a la piel de foca auténtica destacó por su buen equilibrio entre deslizamiento, resistencia y baja absorción de agua el mohair, una fibra noble que procede de la lana de la cabra de Angora. Aunque este animal es originario del Tíbet, ya en el siglo XVI llegó a Anatolia, y durante siglos Turquía fue el único productor importante del planeta. Con el tiempo la cría se extendió por el hemisferio sur, y hoy Sudáfrica es uno de los grandes protagonistas del sector, seguido de países como Australia o Nueva Zelanda.

En 1939, Pomoca lanzó al mercado la primera piel de mohair para esquí de montaña, y años después el material empezó a combinarse con fibras sintéticas —sobre todo nailon— para afinar mejor el

El tipo de pegamento (foto arriba) forma parte de las "fórmulas secretas" de cada fabricante. Arriba y a la izquierda, en la fábrica de Pomoca, con exposición de lana mohair. Abajo vemos tres distintos tipos de enganches (izquierda), y tres tipos de piel: 100% mohair (rosa), sintética (naranja) y mixta (amarilla). Página derecha, en la transición.

equilibrio entre agarre y deslizamiento en los distintos terrenos nevados.

La cadena industrial del mohair arranca con la esquila, después la lana se limpia, se elimina la grasa, se clasifica según calidad y longitud, y se lava a fondo para quedar solo con la fibra pura. Luego se carda (se peina de forma industrial) para alinear las fibras, se hila hasta obtener filamentos extraordinariamente finos y resistentes, y esos hilos se tejen sobre un soporte para generar un "pelo" orientado, la clave que permitirá que la piel deslice hacia delante y frene hacia atrás. Este mohair técnico es, de hecho, el componente más caro y más complejo de conseguir de la piel de foca moderna, un producto que conserva el nombre histórico pero que ya no tiene

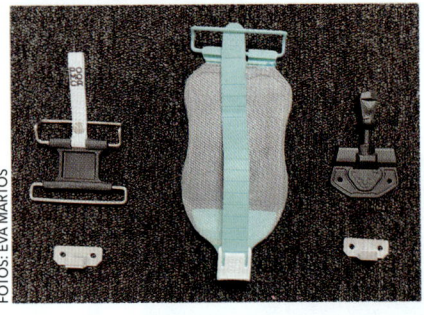

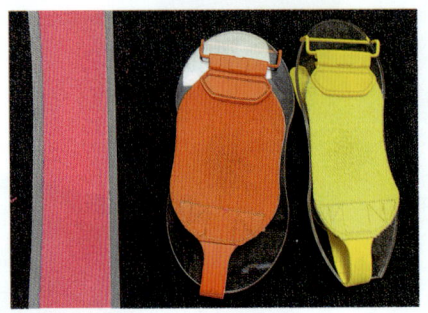

FOTOS: EVA MARTOS